Desafíos del Sínodo 2021-2024: los pobres, las mujeres y los ministerios

UNIVERSIDAD PONTIFICIA DE SALAMANCA

Instituto Superior de Pastoral

Desafíos del Sínodo 2021-2024: los pobres, las mujeres y los ministerios

XXXV Semana de Estudios de Teología Pastoral

Editorial Verbo Divino
Avenida de Pamplona, 41
31200 Estella (Navarra), España
Teléfono: 948 55 65 11
www.verbodivino.es
evd@verbodivino.es

Impreso en España – *Printed in Spain*
Impresión: Liber Digital, Casarrubuelos (Madrid)

Depósito legal: NA 1862-2025
ISBN: 978-84-1063-199-1
ISBN Ebook: 978-84-1063-207-3

Índice

II
MESAS REDONDAS

Presentación

Juan Pablo García Maestro, osst

Instituto Superior de Pastoral – UPSA-Madrid
Coordinador de la XXXV Semana
de Teología Pastoral

En los días del 28 al 30 de enero de 2025 se celebró la XXXV Semana de Teología Pastoral en la Universidad Pontificia de Salamanca, en su sede en Madrid. Esta vez, el título que nos convocaba era «Desafíos del Sínodo 2021-2024: los pobres, las mujeres y los ministerios».

El Concilio Vaticano II supuso un redescubrimiento del bautismo, algo calificado por el cardenal Suenens como una de sus mayores aportaciones, pero este hecho todavía está llamado a producir mayores frutos y, en el tema de sinodalidad, a convertirse en un hecho fundamental también para pensar en la organización eclesial.

Hay que decir que bautizados son todos los miembros de la Iglesia y que ello deber ser el punto de partida para determinar el ser de esta.

Ante la pregunta de qué significa que la Iglesia es sínodo, qué supone que la Iglesia actúe como tal, el Sínodo parece responder desde su forma de actuar mostrando así el camino para que la Iglesia se vaya construyendo como una Iglesia sinodal. Y así podemos decir que una Iglesia sinodal supone realizar un camino en el que la Iglesia se vaya convirtiendo cada vez más en una Iglesia de la **escucha**, de la **participación** y del **discernimiento**.

Ya lo señalaba el papa Francisco en el discurso para conmemorar los cincuenta años de la institución sinodal: «Una Iglesia sinodal es una Iglesia de la escucha, con la conciencia de que escuchar "es más que oír". Es una escucha recíproca en el cual cada uno tiene algo que aprender». Pueblo fiel, colegio episcopal, Obispo de Roma: uno en escucha de los otros y todos en escucha del Espíritu Santo, el «Espíritu de verdad» (Jn 14,17), para conocer lo que él «dice a las Iglesias» (Ap 2,7).

Habrá que trabajar para que los laicos se sientan como miembros con derechos en la Iglesia, porque lo son, y así pidan la palabra en aquellos niveles y temas que más les conciernen y especialmente se habrá de seguir reflexionando y actuando para que la mujer pueda desempeñar un papel más incisivo en la Iglesia.

Caminar juntos significa no dejar a nadie atrás y ser capaces de seguir el ritmo de los que más les cuesta. ¿Cómo podemos crecer en nuestra capacidad de promover el protagonismo de los últimos en la Iglesia y en la sociedad? ¿Qué pasos nos invita a dar el Espíritu para crecer como Iglesia sinodal, misionera y misericordiosa, que camina con los últimos de nuestra sociedad?

El primer y principal paso para caminar con los más pobres es, sin lugar a dudas, la conversión al Dios de la misericordia para hacer nuestras las actitudes de Jesús (cf. Documento final, 51).

Han colaborado en la Semana los ponentes: Antonio Ávila, mons. Vicente Martín Muñoz, María Luisa Berzosa, Silvia Martínez Cano, Carmen Peña García y Juan Pablo García Maestro.

Y en las mesas redondas: Miguel Ángel González Saiz, Xiskya Valladares, Belén Blanco, Jennifer Gómez, Pino Trejo y Paula de Palma.

Agradecemos un año más la presencia mons. Vicente Martín Muñoz, obispo auxiliar de Madrid; al decano de la Facultad de Teología, don Román Pardo Manrique; a la Fundación Pablo VI; a los componentes, moderadores y secretarios de grupos y, especialmente, a los alumnos y amigos del Instituto que, una vez más, subrayaron con su presencia el apoyo que vienen prestando con incansable fidelidad a nuestra institución, a su orientación y a sus proyectos. También queremos recordar la generosidad de la Editorial Verbo Divino que, con la publicación de las actas, permite la difusión de los resultados a un círculo más amplio de destinatarios.

Un agradecimiento muy especial a Felisa Elizondo por el trabajo realizado en la síntesis del trabajo de grupos.

I
PONENCIAS

Un proceso verdaderamente sinodal: escucha, discernimiento y participación

Instituto Superior de Pastoral

1. Presentación y razón de la ponencia

El 17 de octubre de 2015 el papa Francisco en el discurso con motivo del 50.º aniversario de la Institución del Sínodo de los Obispos, creado por el *motu proprio Apostolica Sollicitudo* de Pablo VI, afirmaba: «El camino de la sinodalidad es el camino que Dios espera de la Iglesia en el tercer milenio»[1]. Esta afirmación recoge y concreta la invitación a avanzar en una conversión pastoral y misionera propuesta en *Evangelii Gaudium* (EG 27), porque, como señala más adelante este mismo discurso, la sinodalidad es la «dimensión constitutiva de la Iglesia», de modo que «lo que el Señor nos pide, en cierto sentido, ya está todo contenido en la palabra "Sínodo"». Esta invitación del papa Francisco a transitar los caminos de la sinodalidad es la razón que nos convoca esta mañana

---

[1] Papa Francisco, *Discurso en la Conmemoración del 50.º aniversario de la Institución del Sínodo de los Obispos* (17 de octubre de 2015).

al comenzar nuestra XXXV Semana de Teología Pastoral; y es, sin duda, la razón de esta primera ponencia.

En ella pretendo abordan un tema que, a mi modo de ver, es fundamental, no solo en el proceso llevado a cabo en el Sínodo 2021-2024, sino también, y esto es lo importante que quiero subrayar, en todo el proceso de renovación eclesial en el que nos encontramos inmersos. Un tema que no es otro que el de la «Metodología Pastoral», que, como veremos en el desarrollo de mi intervención, tiene mucho que ver con la casa que habitamos, el Instituto Superior de Pastoral y con los que la crearon e hicieron posible.

Centraré, pues, mi intervención en la metodología utilizada en el Sínodo y en la trascendencia y las consecuencias que tiene la utilización de dicho método, dejando a mis compañeros el desarrollo de los contenidos abordados en el Sínodo y las propuestas de implementación que de todo ello se deriva

2. Haciendo memoria con el fin de fundamentar el desarrollo posterior

Comenzamos mirando hacia atrás para preguntarnos cómo hemos llegado hasta aquí; y lo hacemos dirigiendo nuestra atención en cuatro direcciones, cada una de las cuales nos permitirá poner en contexto el tema que nos ocupa.

2.1. *El método de revisión de vida en los movimientos especializados de Acción Católica*

La primera de ellas se dirige a los movimientos apostólicos especializados de Acción Católica y, más en concreto, a la JOC. Para ello debemos volver la vista atrás, y remontarnos a finales de los años veinte del pasado siglo cuando P. Cardijn funda la JOC y la dota de un método de análisis y acción: la revisión de vida. Dicho método, pensado para el trabajo de los pequeños grupos jocistas, parte de centrar la atención en algún hecho concreto y de relevancia para la vida del grupo, que debe ser analizado siguiendo tres pasos o momentos: primero ver con mirada de creyente, segundo juzgar evangélicamente y tercero actuar cristianamente[2]. Muy pronto, lo que era un método de trabajo para los pequeños grupos de militantes de la JOC se extiende a otros grupos cristianos y, de ahí, lo que es más importante y aquí más nos interesa, salta al quehacer de la Iglesia misma.

2.2. *La asunción del método de revisión de vida en el proceso de renovación de la Iglesia*

Esto nos lleva a desplegar una segunda mirada, en este caso dirigida a la Iglesia en general y más en concreto a los grandes procesos de renovación que se han gestado en ella en las últimas décadas.

El primer paso en este proceso se encuentra en el pontificado del papa Juan XXIII, que en 1961 recomendaba expresamente esta metodología en su encíclica social *Mater et Magistra* (MeM 236). Metodología que posteriormente recoge en el discurso inaugural del Concilio

---

[2] C. Floristán, «Revisión de vida», en *Nuevo diccionario de pastoral*, dir. por C. Floristán (Madrid: San Pablo, 2002), 299-1304; A. Maréchal, *La revisión de vida* (Barcelona: Claret, 1997); S. Spisanti, «Revisión de vida», en *Nuevo diccionario de espiritualidad*, ed. por S. de Flores y T. Goffi (Madrid: Paulinas, 1983), 1217-1227.

Vaticano II[3], al señalar que, en su dinámica, este proceso de renovación, en palabras del papa Juan, debe partir de la realidad en la que se encuentra la Iglesia, no con el fin de condenarla como los profetas de calamidades, sino de discernir los caminos que Dios propone a su Iglesia en ese momento de su historia[4]. Una metodología que asume claramente el Concilio en *Gaudium et spes*, la primera Constitución Pastoral de la historia:

> Para cumplir esta misión es deber permanente de la Iglesia escrutar a fondo los signos de la época e interpretarlos a la luz del Evangelio, de forma que, acomodándose a cada generación, pueda la Iglesia responder a los perennes interrogantes de la humanidad sobre el sentido de la vida presente y de la vida futura y sobre la mutua relación de ambas (GS 4).

Posteriormente, en la primera recepción del Concilio, esta metodología la van a utilizar las Asambleas Generales del Episcopado Latinoamericano (CELAM), que la hicieron suya en Medellín (1968), Puebla (1979) y Aparecida (2007), así como en la I Asamblea Eclesial de América Latina y el Caribe. Por eso no es de extrañar que será la que utilice también Juan Pablo II en su exhortación apostólica postsinodal *Ecclesia in America*.

Será, también el método que permitirá la articulación de determinadas teologías concretas, como la teología de la liberación y la teología del pueblo; y estará presente en el desarrollo de la teología y de la acción pastoral a las que esta casa tanto ha aportado.

---

[3] Juan XXIII, *Gaudet Mater Ecclesia*, discurso con ocasión de la solemne apertura del Concilio Vaticano II (11 de octubre de 1962).

[4] Juan XXIII, *Humanae salutis*, Constitución Apostólica por la que se convoca el Concilio Vaticano II (1961).

2.3. La metodología pastoral en el pensamiento y en la acción pastoral de Jorge Mario Bergoglio

Todo ello nos lleva a desarrollar una tercera mirada, en este caso sobre la biografía y la obra del jesuita Jorge Mario Bergoglio antes de ser elegido Papa. Esta mirada nos permite rastrear sobre su conocimiento y apropiación de dicha metodología en su reflexión teológica y en su acción pastoral.

Como señala Walter Kasper, el papa Francisco es jesuita de la cabeza a los pies e igual que san Ignacio no parte de la doctrina, sino de la situación concreta que intenta comprender y juzgar según las reglas del discernimiento de espíritu, tal como se encuentra en el libro de los Ejercicios Espirituales[5]. Es en este trasfondo personal y espiritual en el que se encuadra su teología y su práctica pastoral. Una teología y un ejercicio pastoral en los que se sirve de la metodología pastoral objeto de nuestra reflexión. Vayamos por partes.

En primer lugar debemos situar su reflexión teológica en el contexto de las teologías latinoamericanas de la segunda década del siglo pasado. El año 1964 el CELAM convoca una reunión de teólogos en Petrópolis, que se considera el nacimiento de la teología de la liberación en sentido amplio, en la que participa Lucio Gera, padre de la teología argentina del pueblo, junto con Gustavo Gutiérrez y otros teólogos, desarrollando una ponencia sobre la importancia del mensaje cristiano en el contexto de la

---

[5] W. Kasper, *El papa Francisco. Revolución de la ternura y el amor. Raíces teológicas y perspectivas pastorales* (Santander: Sal Terrae, 2015), 25.

pobreza y la opresión. Estas teologías latinoamericanas se caracterizaron todas ellas por proceder según el método del ver, juzgar y actuar[6]. En este contexto y bajo la influencia determinante de Lucio Gera y la teología argentina, es en el que el jesuita Jorge Mario Bergoglio articula su propia visión teológica, que no puede ser encasillada fácilmente, sino que se ve enriquecida por su tarea pastoral y docente[7]. Una mirada sobre su biografía nos permite concretar más su forma de razonar teológicamente.

Jorge Mario Bergoglio, que había recibido la ordenación sacerdotal el 13 de diciembre de 1969 y emitido su profesión perpetua en la Compañía de Jesús el 22 de abril de 1973[8], ejerció como maestro de novicios y como profesor en la Facultad de Teología. Fue consultor de la provincia de la Compañía de Jesús y rector de las Facultades de Filosofía y Teología del Colegio Máximo de la Compañía de Jesús en San Miguel, Argentina. Y un dato de gran interés para nosotros, profesores, alumnos y amigos del Instituto Superior de Pastoral, que raramente recogen sus biografías, es la materia teológica que impartió hasta octubre de 1990 en el Colegio Máximo de Buenos Aires, que fue precisamente Teología Pastoral,

---

[6] C. Boff, «Epistemología y método de la teología de la liberación», en *Mysterium liberationis: conceptos fundamentales de la teología de la liberación*, vol. I, ed. por I. Ellacuría y J. Sobrino (Madrid: Trotta, 1990), 79-113; J. C. Scannone, «La filosofía de la liberación: características, corrientes, etapas», *Stromata* 48 (1982) 3-40; P. Sudar, L. Gera *et al.* (eds.), *Evangelización, liberación y reconciliación. Hacia la nueva evangelización* (Buenos Aires: Paulinas, 1988).

[7] W. Kasper, *El papa Francisco*, 32-38.

[8] https://www.vatican.va/content/francesco/es/biography/documents/papa-francesco-biografia-bergoglio.html [consultada el 14 de enero de 2025]

como nos recuerda Carlos María Galli[9] o Marcelo Larra-quy[10], lo que nos permite suponer que ya entonces era buen conocedor de la metodología que aquí nos ocupa.

Y, finalmente, unos años más tarde, el año 2007, el entonces cardenal Jorge Bergoglio será presidente de la Comisión de Redacción del Documento final aprobado en la Asamblea Episcopal de Aparecida, que en su número 19 señala:

> Muchas voces, venidas de todo el continente, ofrecieron aportes y sugerencias en tal sentido, afirmando que este método ha colaborado a vivir más intensamente nuestra vocación y misión en la Iglesia, ha enriquecido el trabajo teológico y pastoral, y, en general, ha motivado a asumir nuestras responsabilidades ante las situaciones concretas de nuestro continente. Este método nos permite articular, de modo sistemático, la perspectiva creyente de ver la realidad; la asunción de criterios que provienen de la fe y de la razón para su discernimiento y valoración con sentido crítico; y, en consecuencia, la proyección del actuar como discípulos misioneros de Jesucristo. La adhesión creyente, gozosa y confiada en Dios Padre, Hijo y Espíritu Santo y la inserción eclesial, son presupuestos indispensables que garantizan la eficacia de este método.

Podemos afirmar, pues, sin riesgo a equivocarnos, que el cardenal Jorge Mario Bergoglio, antes de ser elegido Papa, era conocedor de dicho método, no solo por sus clases de Teología Pastoral sino por haberlo aplicado en momentos importantes de su misión pastoral, dándole una impronta personal, como más adelante desarrollaremos.

[9] C. M. Galli, *El Espíritu Santo y nosotros* (Santander: Sal Terrae, 2024), 184-186.

[10] M. Larraquy, *Código Francisco* (Barcelona: Debate, 2016), 235, 245-246.

2.4. *Y en el quehacer del Instituto Superior de Pastoral*

Y con ello abordamos una cuarta mirada, en este caso dirigida a nuestra casa, la casa que hoy nos alberga, el Instituto Superior de Pastoral de Madrid, con el fin de reconocer su aportación al conocimiento y la propagación de la metodología pastoral a lo largo de sus años de existencia; y revindicar la memoria principalmente de dos de sus profesores que sin duda han marcado la forma de hacer teología en nuestras aulas. Me refiero a Casiano Floristán y a Julio Lois.

El primero de ellos a lo largo de su magisterio en esta casa y de su obra publicada, especialmente en su *Teología práctica*, nos propone el «método inductivo de revisión de vida», también llamado método «ver-juzgar-actuar», a la hora de articular la teología y la acción pastoral[11]. Dicho método «es el que parte de los hechos concretos, a diferencia del deductivo, que tiene en cuenta los principios abstractos y las ideas preconcebidas». Con ello, en línea con el Vaticano II, proponía una forma de hacer teología que estuviera en consonancia con los retos a los que la sociedad y la Iglesia española se veía enfrentada. Una propuesta enriquecida por Julio Lois a partir de su conocimiento de la Iglesia latinoamericana y de las aportaciones de las Asambleas de Medellín y Puebla.

3. El método teológico-pastoral

Con ello entramos de lleno en el tema que nos interesa, la metodología que aplica la Teología Pastoral y que el

---

[11] C. Floristán, *Teología práctica. Teoría y praxis de la acción pastoral* (Salamanca: Sígueme, 1993), 199-204.

Sínodo 2021-2024 en todo su proceso hasta el día de hoy, como veremos más adelante, nos propone para la implementación de sus aportaciones.

Este método, como hemos venido diciendo reiteradamente, consta de tres momentos que se retroalimentan de forma circular: ver, juzgar y actuar. Tres momentos que, como señala Luciano Sandrin, se articulan en torno a tres preguntas: ¿qué está sucediendo aquí y ahora?, ¿cuál es la voluntad de Dios sobre esta situación?, ¿cómo debo proceder de manera eficaz para responder a la pregunta que me llega hoy de las personas desde la perspectiva de la fe y, por consiguiente, con la mirada de Dios?[12].

4. Una forma de hacer teología y de abordar los retos pastorales

Este es un método que, además de hacer referencia a una forma de hacer teología, es también una forma de enfrentar la acción pastoral[13]. Pero una forma de abordar los problemas pastorales en su practicidad que no está al margen de la reflexión teológica. Ambas tareas se imbrican estableciendo el diálogo entre la acción pastoral y la reflexión teológica. Diálogo que les permite enriquecerse mutuamente. A esta implicación mutua se refiere el papa Francisco en el videomensaje al Congreso Internacional de Teología organizado por la Universidad Católica de Argentina en el año 2015 con motivo de los cien años de la universidad y los cincuenta del Concilio:

---

[12] L. Sandrin, *Teología pastoral. Lo vio y no pasó de largo* (Santander: Sal Terrae, 2015), 69.

[13] C. Floristán, *Teología práctica*, 193ss.

No son pocas las veces que se genera una oposición entre teología y pastoral, como si fuesen dos realidades opuestas, separadas, que nada tuvieran que ver una con la otra. No son pocas las veces que identificamos lo doctrinal con conservador, retrógrado; y, por el contrario, pensamos la pastoral desde la adaptación, reducción, acomodación. Como si nada tuviesen que ver entre sí. Se genera de este modo una falsa oposición entre los así llamados «pastoralistas» y «academicistas», los que están al lado del pueblo y los que están al lado de la doctrina. Se genera una falsa oposición entre la teología y la pastoral; entre la reflexión creyente y la vida creyente; la vida, entonces, no tiene espacio para la reflexión y la reflexión no encuentra espacio en la vida. Los grandes padres de la Iglesia: Ireneo, Agustín, Basilio, Ambrosio, por nombrar algunos, fueron grandes teólogos porque fueron grandes pastores.

Buscar superar este divorcio entre teología y pastoral, entre fe y vida, ha sido precisamente uno de los principales aportes del Concilio Vaticano II. Me animo a decir que ha revolucionado en cierta medida el estatuto de la teología, la manera del hacer y del pensar creyente. [...]

Este encuentro entre doctrina y pastoral no es opcional, es constitutivo de una teología que pretenda ser eclesial.

Las preguntas de nuestro pueblo, sus angustias, sus peleas, sus sueños, sus luchas, sus preocupaciones poseen valor hermenéutico que no podemos ignorar si queremos tomar en serio el principio de encarnación. Sus preguntas nos ayudan a preguntarnos, sus cuestionamientos nos cuestionan. Todo esto nos ayuda a profundizar en el misterio de la Palabra de Dios, Palabra que exige y pide dialogar, entrar en comunicación. De ahí que no podemos ignorar a nuestra gente a la hora de realizar teología. Nuestro Dios ha elegido este camino. Él se ha encarnado en este mundo, atravesado por conflictos, injusticias, violencias; atravesado por esperanzas y sueños. Por lo que, no nos queda otro lugar para buscarlo que este mundo concreto, esta Argentina concreta, en sus calles, en sus barrios, en su gente. Ahí Él ya está salvando[14].

Una forma de hacer teología en la que el «ver», punto de partida, no puede reducirse a una simple constatación de hechos aislados, ni a datos aportados por las ciencias humanas, como la psicología y la sociología, sino que debe suponer ya una lectura hecha por una comunidad creyente que trata de leer en los acontecimientos históricos los signos de los tiempos. Un ver que, como nos recuerda *Lumen fidei* en su número 18, supone mirar desde el punto de vista y con los ojos de Jesús. O como nos recuerda el Documento de Aparecida:

> Como discípulos de Cristo nos sentimos interpelados a discernir los signos de los tiempos, a la luz del Espíritu Santo, para ponernos al servicio del Reino, anunciado por Jesús, que vino para que todos tengan vida y la tengan en plenitud (Jn. 10,10) (DdA 33).

5. La metodología pastoral en la propuesta del papa Francisco

No es este el momento ni el lugar para desarrollar la metodología de la acción pastoral de la que existe numerosa bibliografía[15], ni de los acentos ni matices que los

---

[14] Francisco, videomensaje al Congreso Internacional de Teología organizado por la Universidad Católica de Argentina (1-3 de septiembre de 2015) con motivo de los cien años de la Universidad y los cincuenta del Concilio Vaticano II, en https://www.vatican.va/content/francesco/es/messages/pont-messages/2015/documents/papa-francesco_20150903_video-messaggio-teologia-buenos-aires.html.

[15] Cabe citar aquí a modo de ejemplo: E. Alberich, «Metodología pastoral», en *Nuevo diccionario de pastoral*, dir. por C. Floristán, 894-895;

diferentes pastoralistas subrayan de los diferentes momentos, pero sí me parece oportuno destacar algunas aportaciones que realiza el papa Francisco a todo el proceso y a cada uno de sus momentos que, a mi modo de ver, además de ser sugerentes, van más allá de simples cambios de términos o de acentos.

En primer lugar, cabe señalar que, en su magisterio, la comprensión sobre el ser de la Iglesia la muestra muy frecuentemente como una Iglesia en camino, en proceso. La imagen que se encuentra en el trasfondo de la eclesiología del papa Francisco no es la de una «sociedad perfecta» o a la que hay que lavar la cara (perdónenme esta expresión), purificar de sus faltas; sino la de una Iglesia santa y pecadora; Pueblo de Dios en camino que afronta los retos de la historia en comunión y en esperanza con la humanidad toda[16]. Y ello con el fin de anunciarle y compartir con ella la alegría del Evangelio, intentando vivir en comunión con la humanidad y a su servicio. De ahí la necesidad permanente de renovación, me atrevería a decir, de reforma eclesial[17]; o, como le gusta señalar al papa Francisco, de una constante conversión pastoral que él mismo propone en el documento programático para su pontificado *Evangelii gaudium*:

C. Floristán, *Teología práctica*; A. Granados, *Identidad y método de la teología pastoral. Ocho protagonistas del debate contemporáneo* (Valencia: EDICEP, 2010); S. Lanza, *Introduzione alla teologia pastorale: 1. Teologia dell'azione ecclesiale* (Brescia: Queriniana, 1989).

[16] Francisco, *Spes non confundit*, bula de convocación del Jubileo ordinario del año 2025.

[17] A. Ávila, «Desafíos para la reforma de la Iglesia», en VV. AA., *Evangelii gaudium y los desafíos pastorales para la Iglesia* (Madrid: PPC, 2014), 59-110.

La pastoral en clave de misión pretende abandonar el cómodo criterio pastoral del «siempre se ha hecho así». Invito a todos a ser audaces y creativos en esta tarea de repensar los objetivos, las estructuras, el estilo y los métodos evangelizadores de las propias comunidades. Una postulación de los fines sin una adecuada búsqueda comunitaria de los medios para alcanzarlos está condenada a convertirse en mera fantasía. Exhorto a todos a aplicar con generosidad y valentía las orientaciones de este documento, sin prohibiciones ni miedos. Lo importante es no caminar solos, contar siempre con los hermanos y especialmente con la guía de los obispos, en un sabio y realista discernimiento pastoral (EG 33).

¿Cómo se puede llevar esto a cabo? Sin duda, por un proceso de conversión personal y comunitaria que necesita de una metodología: la metodología pastoral a la que nos venimos refiriendo, que en el pensamiento y en la obra del papa Francisco conlleva, a mi modo de ver, una serie de acentos y modificaciones. Convicción que comparto con Carlos María Galli que, en su libro *El Espíritu Santo y nosotros*, señala que «el método ver-juzgar-actuar tiene carta de ciudadanía en toda la Iglesia desde la Constitución conciliar *Gaudium et spes*», y que «en América Latina fue empleado en los 16 documentos de la Conferencia de Medellín y, con discontinuidades, ha sido confirmado por el Documento de Aparecida (cf. DdA 19)». Al referirse a cada uno de los tres momentos los denomina respectivamente: al primero como el «ver-escuchar-contemplar»; al segundo como «juzgar-discernir-interpretar»; y al tercero como «actuar-responder-proyectar»[18].

Una mirada sobre los escritos y las intervenciones del papa Francisco nos permite percibir estos acentos y más

---

[18] C. M. Galli, *El Espíritu Santo y nosotros*, 352.

que acentos a la hora de presentar y utilizar la metodología que aquí nos interesa.

5.1. De «ver» a «escuchar»

El papa Francisco para referirse al primen momento del proceso prefiere utilizar el término «escuchar» al tradicionalmente utilizado de «ver». ¿A qué se debe este cambio? Probablemente porque en el ver somos nosotros los que miramos, los que tomamos la iniciativa de dirigir nuestra mirada en una determinada dirección apartándola de otras por las causas que fueren. Sin embargo, en el escuchar es la realidad la que toma la iniciativa de alertar y captar nuestra atención. Son los gritos de los pobres, las voces amigas y no tanto, las razones de los que piensan igual que nosotros y también de los que piensan diferente... las que llegan a nuestros oídos (EG 190). Los podemos tapar, hacer oídos sordos..., pero, en cualquier caso, nos guste o no, lo que llega a nuestros oídos nos obliga a tomar conciencia de lo que no queremos oír, de nuestra falta de escucha y atención[19]. Lo que en el ver resultaba mucho más sencillo evitar, porque bastaba con cambiar la dirección de nuestra mirada para acallar nuestra conciencia.

Dicho esto, aunque en el ver puede resultar más fácil evitar la mirada hacia aquello que nos genera malestar, debemos ser consciente que la escucha no resuelve todos los problemas. De ahí que en los números 48 y 49 de *Fratelli tutti* Francisco desarrolle una bella descripción de cómo no debe llevarse a cabo la escucha:

---

[19] Byung-Chul Han, *La crisis de la narración* (Barcelona: Herder, 2023), 93-94.

El sentarse a escuchar a otro, característico de un encuentro humano, es un paradigma de actitud receptiva, de quien supera el narcisismo y recibe al otro, le presta atención, lo acoge en el propio círculo. Pero «el mundo de hoy es en su mayoría un mundo sordo. [...] A veces la velocidad del mundo moderno, lo frenético nos impide escuchar bien lo que dice otra persona. Y cuando está a la mitad de su diálogo, ya lo interrumpimos y le queremos contestar cuando todavía no terminó de decir. No hay que perder la capacidad de escucha». San Francisco de Asís «escuchó la voz de Dios, escuchó la voz del pobre, escuchó la voz del enfermo, escuchó la voz de la naturaleza. Y todo eso lo transforma en un estilo de vida. Deseo que la semilla de san Francisco crezca en tantos corazones».

Al desaparecer el silencio y la escucha, convirtiendo todo en tecleos y mensajes rápidos y ansiosos, se pone en riesgo esta estructura básica de una sabia comunicación humana. Se crea un nuevo estilo de vida donde uno construye lo que quiere tener delante, excluyendo todo aquello que no se pueda controlar o conocer superficial e instantáneamente. Esta dinámica, por su lógica intrínseca, impide la reflexión serena que podría llevarnos a una sabiduría común.

Para posteriormente, en el número 50, desarrollar una forma adecuada de escucha:

Podemos buscar juntos la verdad en el diálogo, en la conversación reposada o en la discusión apasionada. Es un camino perseverante, hecho también de silencios y de sufrimientos, capaz de recoger con paciencia la larga experiencia de las personas y de los pueblos. El cúmulo abrumador de información que nos inunda no significa más sabiduría.

5.2. De «juzgar» a «discernir»

Una escucha que para el papa Francisco debe llevarnos al discernimiento. El prefiere utilizar, como buen jesuita, «discernir» al término clásico empleado en la revisión de vida, «juzgar». En primer lugar, como él mismo ha subrayado en innumerables ocasiones, por ejemplo, en la homilía de la misa del 23 de junio de 2014 en Santa Marta[20], por el riesgo que supone juzgar a los demás:

> Quien juzga se equivoca, simplemente porque toma un lugar que no es para él. Pero no solo se equivoca, también se confunde. ¡Está tan obsesionado con aquello que tiene que juzgar en aquella persona —tan, pero tan obsesionado— que aquella pajita no lo deja dormir! «¡Pero yo quiero sacarte esa pajita!» [...]. Y no se da cuenta de la viga que él tiene. Se confunde: cree que la viga es aquella paja. Confunde la realidad, es un fantasioso.
>
> Y quien juzga acaba derrotado, termina mal, porque la misma medida será usada para juzgarlo a él. El juez que se equivoca, porque toma el lugar de Dios —soberbio, autosuficiente— y apuesta por una derrota. ¿Y cuál es la derrota? Ser juzgado con la misma medida con la que él juzga.

Pero, más allá de este riesgo, porque como buen jesuita considera que «El discernimiento espiritual sigue siendo para nosotros el arma que san Ignacio nos dio para rescatar, de la antigüedad de la vida, la voluntad de Dios»[21]. Un discernimiento presente en el Nuevo Testamento (cf. Rom. 12,2; 1 Cor 12,10; 1 Tes 5,21; 1 Jn. 4,1) y en toda la tradición espiritual de la Iglesia que no es un simple análisis

---

[20] Citado por M. Cardinali, «La Sagrada Escritura en la vida de la Iglesia», en *Cuadernos del Concilio*, ed. por Dicasterio para la Evangelización (Madrid: BAC, 2023), 141-169, aquí 152-153.

[21] J. M. Bergoglio, «Criterios de acción apostólica», el original publicado en el *Boletín de Espiritualidad de la Provincia Argentina de la Compañía de Jesús* 64 (enero de 1980); papa Francisco, *Reflexiones espirituales sobre la vida apostólica* (Bilbao: Mensajero, 2013), 290; íd., *Audiencias generales (31 de agosto de 2022-4 de enero de 2023): Catequesis sobre el discernimiento* [https://www.vatican.va/content/francesco/es/audiences/2022/documents/20221221-udienza-generale.html].

ni una valoración de la realidad que vemos o escuchamos, sino que supone la búsqueda de respuesta a la pregunta de cuál es la voluntad de Dios para mí, para nosotros, para toda su Iglesia aquí y ahora. Una respuesta que no se puede dar únicamente en el ámbito del discurso teórico ni de las especulaciones y los deseos bien intencionados, sino que debe expresarse por medio de la actuación consecuente con lo descubierto sobre los planes de Dios para nosotros y para nuestro mundo. Un «hágase tu voluntad» que en la mayoría de los casos no supone cambios radicales, que no seríamos capaces de llevar a cabo, a pesar de la urgencia y la necesidad de hacerlo —véase el caso del hambre en el mundo o la violencia que viven tantos pueblos—, sino únicamente iniciarlos y posibilitarlos.

5.3. *De «actuar» a «abrir caminos»*

Con ello, cuando el papa Francisco aborda el tercer momento del proceso, más que referirse a «actuar» habla de «indicar, proponer e iniciar caminos». Este cambio lo encontramos ya en el comienzo de *Evangelii gaudium* donde señala que:

> En esta Exhortación quiero dirigirme a los fieles cristianos para invitarlos a una nueva etapa evangelizadora marcada por esa alegría, e indicar caminos para la marcha de la Iglesia en los próximos años (EG 1).

porque

> Cada vez que intentamos volver a la fuente y recuperar la frescura original del Evangelio, brotan nuevos caminos, métodos creativos, otras formas de expresión, signos más elocuentes, palabras cargadas de renovado significado para el mundo actual. (EG 11).

Y como consecuencia espera

> que todas las comunidades procuren poner los medios necesarios para avanzar en el camino de una conversión pastoral y misionera, que no puede dejar las cosas como están (EG 25).

> que estemos siempre en crecimiento, que vivamos el deseo profundo de crecer en el camino del Evangelio, y no bajemos los brazos» (EG 151.153).

El hecho es que el término «camino» se repite hasta 58 veces en dicho documento y con ello la invitación a transitarlos en comunión con todos los hombres. Por eso no es de extrañar que el documento concluya con una oración a la madre del Señor en la que le pide:

> Consíguenos ahora un nuevo ardor de resucitados para llevar a todos el Evangelio de la vida que vence a la muerte. Danos la santa audacia de buscar nuevos caminos para que llegue a todos el don de la belleza que no se apaga (EG 288).

6. La aplicación de la metodología pastoral en el Sínodo 2021-2024

Damos, pues, un paso más en nuestra reflexión, con el fin de conocer cómo ha aplicado hasta ahora el Sínodo 2021-2024 dicha metodología, y sacar las consecuencias que de ello se derivan.

6.1. *El ver y escuchar en el* Documento Preparatorio, *en el* Vademécum *para la primera etapa del Sínodo y en el* Documento de trabajo para la Etapa Continental

Con este fin nos serviremos en primer lugar de los documentos propuestos para lleva a cabo la primera etapa en lo que se refiere al ver-escuchar. Estos son: el *Vademé-cum*[22] y el *Documento Preparatorio*[23], editados para el trabajo en las diócesis y en las conferencias episcopales en la primera etapa, y el *Documento de trabajo para la Etapa Continental*[24].

6.2. *La consulta general en la Fase Diocesana*

Como señala el número uno del *Documento Preparatorio*, el papa Francisco invita a toda la Iglesia a interrogarse sobre un tema decisivo para su vida y misión: el caminar juntos. Una pregunta dirigida a todas y cada una de las comunidades de las diferentes diócesis del mundo, que se concreta en: «¿Cómo se realiza hoy este caminar juntos en la propia Iglesia particular?» (DP 26). Para ser respondida adecuadamente, se invita, en primer lugar, a cada uno de los grupos consultados (comunidades, parroquias, vida monástica, congregaciones religiosas, movimientos apostólicos...) a mirarse a sí mismos (DP 31) y a escuchar también a su entorno (cristianos de otras confesiones, creyentes de otras religiones, personas alejadas de la fe...), así como a los diferentes ambientes y grupos sociales específicos, como señala el *Vademécum* en su apartado 2.2:

> Si la escucha es el método del proceso sinodal, y el discernimiento es el objetivo, entonces la participación es el camino. Fomentar la participación nos lleva a salir de nosotros mismos para hacer participar a otros que tienen opiniones diferentes a

[22] *Por una Iglesia sinodal: comunión, participación y misión. Vademécum* (Madrid: BAC, 2021).

[23] *Por una Iglesia sinodal: comunión, participación y misión. Documento preparatorio*, citado como DP.

[24] *«Ensancha el espacio de tu tienda»*, *Documento de trabajo para la Etapa Continental*, citado como DEC.

las nuestras. Escuchar a los que tienen las mismas opiniones que nosotros no da ningún fruto. El diálogo implica el encuentro con opiniones diversas. De hecho, Dios habla a menudo a través de las voces de aquellos que podemos excluir, desechar o descartar fácilmente. Debemos hacer un esfuerzo especial para escuchar a los que podemos estar tentados de ver como poco importantes y a los que nos obligan a considerar nuevos puntos de vista que pueden cambiar nuestra forma de pensar.

Y todo ello con el fin de reconocer los logros y las carencias que a este respecto existen en nuestra Iglesia (DP 28-30; DEC 38-39, 45).

Con todo ello el *Vademécum* en su apartado 4.1 concluye que a partir de todo lo escuchado debe articularse una síntesis cuyo objetivo no es producir un resumen genérico de todo lo que se dijo, sino más bien el resultado de un acto de discernimiento al elegir y escribir lo que contribuirá a la siguiente etapa del proceso sinodal. En este sentido, dirá el *Vademécum*:

> la síntesis no solo reporta tendencias comunes y puntos de convergencia, sino que también destaca aquellos puntos que tocaron una fibra sensible, inspiran un punto de vista original o abren un nuevo horizonte.

Exigencia que se planteará también en las asambleas, primero diocesanas y posteriormente continentales.

6.3. *Las Asambleas Continentales*

Como fruto de lo escuchado y compartido en los grupos y recogido en las síntesis diocesanas y de las Conferencias Episcopales y terminado todo este proceso, es normal que afloren una serie de dificultades que el *Documento de trabajo para la Etapa Continental* recoge como:

Las síntesis también reflexionan sobre la dificultad de escuchar profundamente y aceptar ser transformados por esta escucha, destacan la falta de procesos comunitarios de escucha y discernimiento, y reclaman una mayor formación en este ámbito. Además, señalan la persistencia de obstáculos estructurales, por ejemplo: estructuras jerárquicas que favorecen las tendencias autocráticas; una cultura clerical e individualista que aísla a los individuos y fragmenta las relaciones entre sacerdotes y laicos; disparidades socioculturales y económicas que benefician a las personas ricas e instruidas; la ausencia de espacios «intermedios» que favorezcan los encuentros entre miembros de grupos que se encuentren divididos (DEC 33).

Pero seguimos aún en un momento dedicado a la escucha. ¿Cuál es, pues, la tarea de las Asambleas Continentales? Como señala el *Documento de trabajo para la Etapa Continental* tienen como objetivo, de una parte, elaborar un elenco de prioridades sobre las que pueda operar el discernimiento en la Primera Sesión de la Asamblea General (DEC 7); y, en segundo lugar, continuar el proceso de escucha. ¿Qué es lo que ahora se invita escuchar? ¿Hacia dónde deben dirigir la mirada y la atención las Asambleas Continentales? A esta pregunta responde el número 106 de dicho documento, cuando señala que:

Para proseguir este proceso de escucha, diálogo y discernimiento, la reflexión se centrará en tres cuestiones:

— ¿Qué intuiciones resuenan más fuertemente con las experiencias y realidades concretas de la Iglesia en el continente? ¿Qué experiencias parecen nuevas o iluminadoras?

— ¿Qué tensiones o divergencias sustanciales surgen como particularmente importantes desde la perspectiva del continente? En consecuencia, ¿cuáles son las cuestiones e interrogantes que deberían abordarse y considerarse en las próximas fases del proceso?

— ¿Cuáles son las prioridades, los temas recurrentes y las llamadas a la acción que pueden ser compartidas con las otras Iglesias locales de todo el mundo y discutidas durante la Primera Sesión de la Asamblea Sinodal en octubre de 2023? (DEC 106)

De estas tres cuestiones permítanme que me centre en la segunda; por su novedad respecto a lo dicho hasta ahora y por la presencia que tendrá en el desarrollo de las siete Asambleas Continentales.

Con ella se invita a los participantes en dichas asambleas, y me atrevería a decir que a todos nosotros, a volver la atención sobre nosotros mismos como miembros de una Iglesia plural y poliédrica para tomar conciencia de nuestras diferencias. Diferencias en lo que escuchamos y cómo interpretamos lo escuchado; diferencias en nuestros puntos de partida y en los prejuicios que los acompañan, diferencias en nuestra valoración del momento eclesial que vivimos y de la oportunidad de poner sobre la mesa o no lo que nos diferencia e incluso separa; diferencias en nuestra forma de abordar las diferencias... Y todo ello para, tomado conciencia de la existencia de dichas diferencias y las tensiones que provocan, abordarlas sin miedo. Diferencias y tensiones que son fruto de la riqueza que genera la pluralidad que existe en nuestra Iglesia, que se hace patente cuando en el proceso de caminar juntos nos atrevemos a escucharnos unos a otros para orientar nuestro caminar en común.

Todo esto, que sin duda es una riqueza, no está exento de muy serias dificultades. Como señala el mismo documento:

El proceso sinodal ha puesto de manifiesto una serie de tensiones [...]. No hay que tenerles miedo, sino articularlas en un proceso de constante discernimiento en común, para aprovecharlas como fuente de energía sin que se conviertan en elementos destructivos (DEC 71).

Porque...

Las tensiones corren el riesgo de convertirse en polarización, pero la polarización hiere a la Iglesia, el cuerpo de Cristo. En cambio, las tensiones pueden superarse si la tienda es un espacio seguro donde todos sienten que pueden hablar y ser escuchados. [...] Por lo tanto, hay un desafío importante: habitar tensiones. Las tensiones nos permiten tener una oportunidad de cambio de una manera más creativa, y juntos podemos buscar cómo hacerlo (Asamblea Continental Europea 53).

¿Cuáles son las causas de dichas tensiones? No es este el momento ni el lugar para desarrollar este tema. Únicamente enumerar brevemente aquellas que principalmente señalan los Documentos de Síntesis de las diferentes Asambleas Continentales. Así, la Asamblea Continental Africana, en su número 3, señala que en numerosas ocasiones las tensiones están causadas por las diferentes orientaciones a la hora de dirigir nuestra mirada y atender nuestra escucha, lo que según la Asamblea Continental Europea se concreta en polarizaciones entre las que cabe destacar: verdad y misericordia, tradición y actualización, diferentes formas de comprender la misión, poder y corresponsabilidad de todos, diversidad de carismas y ministerios y unidad en la diversidad (53ss.)[25].

---

[25] Ver, también, la Asamblea Continental Asiática, 85ss., y la Asamblea Continental Norteamericana, 27.

6.4. El discernir en el transcurso de las dos sesiones de la Asamblea General del Sínodo

Con ello, y tras la escucha de lo que ocurre en nuestro entorno y en nuestro interior eclesial y personal, y de las tensiones que todo ello provoca, nos encontramos ante el reto de discernir no lo que cada uno considera que es lo mejor, ni lo que consideran la mayoría de los creyentes (este no es un tema de mayorías y minorías), sino conocer cuál es la voluntad de Dios para nuestro aquí y ahora. Nos encontramos, pues, ante el momento crucial de la metodología pastoral que es el del discernimiento en una Iglesia sinodal, que, como señala el número 60 del Instrumentum laboris *para la Segunda Asamblea General*, debe tener un carácter comunitario y no exclusivamente individual:

> Precisamente dado que requiere que cada uno comparta su punto de vista en la perspectiva de la misión común, un proceso de discernimiento articula concretamente comunión, misión y participación. En otras palabras, es una forma de caminar juntos. Por eso es fundamental promover una amplia participación en los procesos de discernimiento, cuidando especialmente la implicación de quienes se encuentran en los márgenes de la comunidad cristiana y de la sociedad.

A partir de aquí, dicho documento señala una serie de características y condiciones que el discernimiento comunitario debe poseer[26], como son: que su punto de partida y el criterio de referencia sea la Palabra de Dios. Una Palabra que se manifiesta a través de la Iglesia, de su tradición viva y sus prácticas, incluidas las de la piedad popular; a

---

[26] Instrumentum laboris *para la Segunda Asamblea General*, 58-66.

través de los acontecimientos que tienen lugar en nuestro espacio y nuestro momento; en la naturaleza y los retos que esta nos manifiesta; y en la conciencia personal de cada uno, que «es el núcleo más secreto y el sagrario del hombre, en el que este se siente a solas con Dios, cuya voz resuena en el recinto más íntimo de aquella (GS 16)»[27].

Un discernimiento para el que, como señala el mismo documento[28], no existe un único instrumento, si bien consideraba que en el transcurso del proceso sinodal la conversación en el Espíritu se había manifestado como particularmente adecuada.

Un tema, el del discernimiento comunitario, que ya había abordado en 2018 la Comisión Teológica Internacional y para el que había señalado algunas directrices para llevarlo a cabo[29], y para el que el *Vademécum* recomendaba la conversación espiritual como un método adecuado para las reuniones de los grupos en la fase de la consulta inicial[30]; y que el Documento Síntesis de la Asamblea Continental de Praga en sus números 48-51 valora muy positivamente por su profundidad y fecundidad, puesto que...

la conversación espiritual promueve una dinámica profunda en las personas involucradas: les permite ser escuchadas y les pide que aprendan a escuchar saliendo de sus propios prejuicios y aceptando formas de expresarse que también pueden herir. Sobre todo, estimula la escucha personal y profunda de

[27] Instrumentum laboris *para la Segunda Asamblea General*, 61.

[28] Ibíd., 65.

[29] Comisión Teológica Internacional, *La sinodalidad en la vida y en la misión de la Iglesia*, 110-114.

[30] *Vademécum*, apéndice B, 8.

la Palabra de Dios, la oración comunitaria y la conversión. Escuchamos a nuestros hermanos y hermanas, pero, aún más, escuchamos al Espíritu, que es el verdadero protagonista, y nos sentimos impulsados a centrarnos en el estilo del Señor, y no en nuestra propia ideología, para identificar los pasos que debemos dar juntos (48).

Una eficacia que se manifestará principalmente en las dos sesiones de la Asamblea General, precisamente en el momento en el que el Sínodo debe discernir las aportaciones de todo lo escuchado en la Iglesia universal y de las tensiones que todo esto provoca. Así, el Instrumentum laboris *para la Primera Sesión de la Asamblea General* en sus números 32-42 desarrollará ampliamente cómo llevar a cabo este método. Como conclusión a todo ello, el punto 2 del *Informe de Síntesis* de esta primera sesión propone que «la práctica del discernimiento se aplique también en el ámbito pastoral, en un modo adecuado a los contextos»; para lo que considera necesario adaptar la conversación en el Espíritu y otras formas de discernimiento, así como dotarse de personas idóneas y preparadas para facilitar los procedimientos de discernimiento eclesial.

7. Sacando algunas conclusiones para nuestro quehacer teológico y pastoral en el presente y en el futuro inmediato

Con ello llegamos al momento actual de nuestro caminar. Nos encontramos como el pueblo de Israel que entreveía la tierra prometida, pero aún no había entrado en ella. También a nosotros nos queda un largo caminar para que la sinodalidad sea moneda común en nuestra Iglesia. Estamos en este tiempo de implementación de todo lo discernido en las dos Asambleas Generales y de lo que aún queda por llegar de las diez comisiones creadas y de las modificaciones previstas en el Código de Derecho Canónico. Un tiempo en el que todos y cada uno de nosotros estamos concernidos. De ahí que os invite finalmente a volver sobre todo lo dicho hasta aquí, con el fin de sacar algunas conclusiones e identificar los principales retos a los que, a mi manera de ver, nos enfrentamos. Una tarea que también os invito a continuar en el diálogo que posteriormente a esta ponencia tendréis en los grupos de trabajo y del que estoy deseoso de escuchar sus aportaciones.

7.1. *Una forma de hacer teología que no es de segundo orden ni supeditada a otras formas*

En primer lugar, y volviendo al principio de nuestra reflexión, me gustaría subrayar la importancia que tiene la forma de hacer teología propia de la Teología Pastoral. Me atrevo a decir, con la experiencia y la libertad que dan los años, que no es una forma más y mucho menos la menos importante. Con todo lo visto hasta aquí, personalmente considero que en el momento actual, tanto eclesial como socialmente hablando, debería ser nuestra forma normal y principal de elaborar el pensamiento teológico. ¿Podría explicarse todo lo vivido y reflexionado en los últimos cien años sobre nuestra forma de ser y comprendernos como Iglesia sin obras como *Verdaderas y falsas reformas en la Iglesia* de Congar[31], *Cambio estruc-*

---

[31] Y. M. Congar, *Verdaderas y falsas reformas en la Iglesia* (Madrid: Instituto de Estudios Políticos, 1973).

tural en la Iglesia, de K. Rahner[32], o sin algunos documentos como *Gaudium et spes* o *Aparecida*, entre otros; todos ellos formulados a partir de la metodología pastoral?

Aunque existan resistencias a esta forma de hacer teología[33], o se la quiera relegar a un segundo nivel (teología práctica), creo que hay razones más que suficientes para sumarnos al discurso del papa Francisco desarrollado con motivo de los cien años de la Universidad Católica de Argentina anteriormente citado y recuperar el testigo de los grandes padres de la Iglesia allí mencionados que, como indica el papa Francisco, «fueron grandes teólogos, porque fueron grandes pastores»[34]. Una forma de hacer teología que, recogiendo las aportaciones de lo escuchado y discernido en el proceso del Sínodo 2021-2024, siga reflexionando sobre «cuestiones doctrinales, pastorales y éticas controvertidas, a la luz de la Palabra de Dios, de la enseñanza de la Iglesia, de la reflexión teológica anterior»[35]; escuchando y acompañando el sentir de toda la comunidad eclesial universal, pero con una atención preferencial a todos los abusados, excluidos y marginados (muchas veces por la misma Iglesia), así como al grito, muchas veces silenciado, de todos los «que padecen diversas formas de pobreza, exclusión y margi-

---

[32] K. Rahner, *Cambio estructural en la Iglesia* (Madrid: Cristiandad, 1974). Muy interesante en este sentido las páginas 95-101.

[33] Muy interesante a este respecto es lo que señala C. M. Galli sobre la redacción del Documento de la Comisión Teológica Internacional sobre la Sinodalidad en su libro *El Espíritu Santo y nosotros* (Santander: Sal Terrae, 2024), 243.

[34] Cf. p. 23 de este libro.

[35] *Una Iglesia sinodal en misión. Informe de Síntesis de la Primera Sesión de la Asamblea General*, 15.

nación al interior de la sociedad en la que la desigualdad crece inexorablemente»[36].

Creo, también, que es momento, siempre lo es, de reivindicar el papel que ha jugado en su corta historia, y que debe seguir jugando nuestro Instituto Superior de Pastoral en la formación de los agentes de pastoral de la Iglesia española y del resto de las Iglesias hermanas. Nuestro Instituto fue pionero en la utilización de la metodología pastoral para la recepción del Concilio, se convirtió en portavoz de las aportaciones de las Conferencias Generales del Episcopado Latinoamericano y asumió el reto de la inculturación de la fe propuesto por el padre Arrupe y asumido por Juan Pablo II. Personalmente creo que su obra debería ser mucho más valorada y tenida en cuenta a la hora de pensar la formación de los futuros teólogos y teólogas y de los agentes de pastoral del presente y del futuro si realmente queremos avanzar en una «conversión sinodal».

7.2. *Una forma de ser, de planificar y de llevar a cabo el quehacer pastoral*

Una segunda conclusión, ya señalada, es la de potenciar la permanente relación entre reflexión y acción pastoral; y la retroalimentación entre ambas. Pero dicho esto, deberíamos repensar nuestra forma de planificar y llevar a cabo la tarea pastoral, de forma que asuma el carácter trasversal de la sinodalidad. Creo que uno de los objetivos del Sínodo 2021-2024 es superar los clericalismos y los francotiradores, evitar las improvisaciones y los esló-

---

[36] *Una Iglesia sinodal en misión*, 16.

ganes para, conscientes de que no partimos de cero, dar paso a una forma de hacer que tenga como fundamento el análisis y la escucha; y sea inclusivo en el discernimiento para que, poniendo en juego lo mejor de cada uno y articulando la pluralidad y las diferencias, podamos caminar todos juntos las sendas de la esperanza, gestionando las tensiones y los conflictos.

> La escucha y la acogida no son solo iniciativas individuales, sino una forma eclesial de hacer. Por esto, deben encontrar lugar al interior de la programación pastoral ordinaria y de la estructuración operativa de las comunidades cristianas en sus diversos niveles, valorando también el acompañamiento espiritual. [...]
>
> La Iglesia no parte de cero, dispone ya de numerosas instituciones y estructuras que desarrollan este valioso trabajo. Pensemos, por ejemplo, en el trabajo capilar de escucha y acompañamiento de los pobres, marginados y refugiados que realiza Cáritas, y otras muchas realidades ligadas a la vida consagrada o a asociaciones laicales. Tenemos que trabajar para potenciar sus lazos de unión con la vida de las comunidades, evitando que puedan considerarse como actividades delegadas a algunos[37].

7.3. *Un camino para la reforma de la Iglesia*

Y todo ello siendo conscientes de que todo este proceso es un paso más en la recepción del Concilio Vaticano II, del proceso de reforma por él iniciado y de la forma de situarnos en el mundo, de dialogar con él, de presentarle la buena noticia del Reino y de ponernos a su servicio, de forma preferencial a los más débiles como forma de hacer presente el amor de Dios que nos llama a la fraternidad universal.

---

[37] *Una Iglesia sinodal en misión*, 16.

Los pobres nos marcan el camino. Iglesia que camina con los pobres para abrir caminos de esperanza

Vicente Martín Muñoz

OBISPO AUXILIAR DE MADRID

Introducción

El Jubileo ordinario 2025, «Peregrinos de la Esperanza», llama a todos a caminar juntos hacia un futuro mejor, especialmente a aquellos que se acercan a los más necesitados. Ser «peregrinos de la esperanza» implica llevar la esperanza a los pobres, refugiados, jóvenes, presos y ancianos, y ofrecerles cercanía, ayuda y acompañamiento. De esta manera enlaza con el espíritu de la tradición jubilar judía de dejar reposar la tierra y librar a los esclavos (Ex 23,10-11).

Jesús de Nazaret enmarcó su mensaje y misión en ese espíritu jubilar de la tradición judía (Ex 23,10-11). Un día llegó a la sinagoga de su ciudad y se levantó para hacer la lectura (cf. Lc 4,16-30). Le entregaron el volumen del profeta Isaías, donde leyó el siguiente pasaje:

> El Espíritu del Señor Yahveh está sobre mí, por cuanto que me ha ungido Yahveh. A anunciar la buena nueva a los pobres me ha enviado, a vendar los corazones rotos; a pregonar a los

cautivos la liberación, y a los reclusos la libertad; a pregonar año de gracia de Yahveh (Is 61,1-2).

El jubileo es un tiempo de gracia en el que se experimenta la misericordia de Dios y el don de su paz. Y, desde las luces y sombras de nuestra realidad, pretende ser para todos, personas, comunidades y pueblos, una ocasión privilegiada para reavivar la esperanza, especialmente en los más pobres.

Pero la esperanza cristiana no es una esperanza barata o ilusa que no toma en cuenta el peso de lo real. Al contrario, es esperanza histórica que se traduce en compromiso y en acción transformadora, esperanza que pone signos tangibles para tantos hermanos y hermanas que viven en condiciones de penuria[1].

En la reflexión, en primer lugar, me voy detener en «la sociedad del riesgo» que se va configurando a raíz de las crisis acumuladas de estos últimos años. A continuación, me centraré en el modelo de una Iglesia sinodal, misionera y misericordiosa. En una tercera parte, señalaré algunos caminos a transitar para caminar con los últimos de la sociedad en el contexto de este año jubilar.

1. «A los pobres los tenéis siempre con vosotros» (Mc 14,7). La sociedad del riesgo

Vivimos en una época marcada por el aumento de las desigualdades, la creciente desilusión con los modelos tradicio-

---

[1] Cf. Francisco, *Spes non confudit,* bula de convocación del Jubileo ordinario del año 2025, 10. En adelante lo citaremos con las siglas SnC y el número correspondiente.

nales de gobierno, el desencanto con el funcionamiento de la democracia, las crecientes tendencias autocráticas y dictatoriales, el dominio del modelo de mercado sin tener en cuenta la vulnerabilidad de las personas y la creación, y la tentación de resolver los conflictos por la fuerza en lugar del diálogo[2].

Estas palabras manifiestan las sombras que obstaculizan el desarrollo de una fraternidad universal y dejan a muchos heridos al lado del camino, fruto de

numerosas formas de injusticia, nutridas por visiones antropológicas reductivas y por un modelo económico basado en las ganancias, que no duda en explotar, descartar e incluso matar al hombre[3].

Vivimos tiempos de crisis acumuladas, como pone en evidencia el último avance social realizado por Cáritas y la Fundación FOESSA[4], que nos presenta una fotografía de lo que algunos llaman «la sociedad del riesgo». Según este estudio los hogares que sufrieron las consecuencias de la crisis financiera de 2007 y de la COVID-19 siguen sin recuperarse. Casi 20 años después de aquel *crack* económico, un importante sector de la población sigue sin ver aliviada su situación. Un total de 9,4 millo-

---

[2] Francisco, *Por una Iglesia sinodal: comunión, participación y misión*, XVI Asamblea General Ordinaria del Sínodo de los Obispos, segunda sesión, 2-27 de octubre de 2024, 47. En adelante lo citaré como «Documento final» y el número correspondiente.

[3] Francisco, *Fratelli tutti. Sobre la fraternidad y la amistad social*, Carta Encíclica, 2020, 22. En adelante FT y el número correspondiente.

[4] Cf. Fundación FOESSA – Cáritas, *La sociedad del riesgo: hacia un modelo de integración precaria* (Análisis y perspectiva 2024 en https://www. caritas.es/main-files/uploads/2024/11/CARITAS-analisis-y-persectivas-2024-digital-diciembre-2024.pdf).

nes de personas (19,3%) están actualmente en situación de exclusión social en España, dos millones más que en 2007 (16,4%).

Esto nos alerta del avance de una sociedad insegura que dificulta las vidas de los más vulnerables y pone en jaque cada vez a más personas y familias en España. Revela, también, un aumento en la exclusión social y problemas de precariedad laboral, de acceso a la vivienda y la salud, que en conjunto profundizan la brecha generacional. Estamos, por tanto, ante una dinámica que nos muestra un claro carácter estructural de la realidad de la exclusión social, preexistente a las crisis, y de la incapacidad de la economía y de las políticas para romper los ciclos de pobreza y exclusión social. Nos enfrentamos, en consecuencia, como sociedad, a importantes retos para abordar estas desigualdades y garantizar los derechos.

Lo que nos viene a decir el informe es que vamos caminando hacia una sociedad cada vez más insegura en la que no tenemos la certeza de poder seguir manteniéndonos en la planta que actualmente ocupamos del edificio social. Una sociedad en la que aumenta la incertidumbre respecto a la situación presente y futura de personas y familias de distintas capas que, además, nos expone en diferentes aspectos de nuestra vida. En particular, veremos con más detalle tres cuestiones que están mermando la capacidad de los hogares para el desarrollo de sus procesos vitales: el desgaste para tener y mantener una vivienda, la ineficacia del empleo para dar estabilidad a las familias y el aumento de los problemas de salud mental. Y una cuestión fundamental que viene atravesada por estas tres, la brecha generacional existente, que cada vez es más profunda y que amenaza el futuro de la juventud y la infancia de hoy y, por tanto, nuestro futuro como sociedad[5].

1.1. *Factores de exclusión*

Tres factores están influyendo especialmente en la persistencia o el incremento de la exclusión social: la vivienda, el empleo y la salud mental.

La vivienda se ha convertido en los últimos años en una emergencia social y afecta a uno de cada cuatro hogares en España. La encuesta revela que más de 4,6 millones de hogares sufren dificultades relacionadas con el acceso y el mantenimiento de la vivienda en 2024. El 20% de los hogares con menor renta dedican más del 70% de sus ingresos al pago del alquiler de su vivienda.

El régimen de tenencia también se revela como un potencial factor protector frente a la exclusión social. Cuando se tiene la vivienda en propiedad (pagada o con pagos pendientes) el riesgo de exclusión cae al 8% de la población, pero aumenta hasta el 30% para las familias que pagan un alquiler y hasta el 59% en el caso de los hogares con tenencia en precario (cedida, realquilada, ocupada o con aviso de desahucio).

Al profundizar en este tema, resulta obvio que el esfuerzo que las familias realizan para el pago y mantenimiento de la vivienda, como necesidad básica para la vida, no ha dejado de incrementarse en los últimos años.

---

[5] Cf. R. Flores y M. Sánchez-Sierra, *Un peligroso avance hacia la sociedad insegura. Un adelanto de los resultados de la EINSFOESSA 2024,* en https://documentacionsocial.es/contenidos/a-fondo/un-peligroso-avance-hacia-la-sociedad-insegura-un-adelanto-de-los-resultados-de-la-einsfoessa-2024/.

La proporción del presupuesto familiar dedicado a pagar la vivienda sigue creciendo y es una realidad que afecta tanto a la compra como al alquiler, aunque con consecuencias especialmente más negativas para las personas que viven de alquiler.

Los datos revelan que las familias en situación de exclusión social tienen muy difícil acceder o, en menor medida, mantener una vivienda en propiedad y se exponen, cada vez más, a acceder a una vivienda en precario, lo que influye radicalmente en su inseguridad jurídica y vital. Así, alrededor de 3 millones de personas utilizan forman precarias de tenencia de vivienda (facilitada gratuitamente por otras personas o instituciones, realquilada, ocupada ilegalmente o con aviso de desahucio) y aproximadamente 3,4 millones de personas (7%) sufren condiciones de hacinamiento. Estos son los hogares que se ven forzados a compartir piso con más personas, a volver a la casa de padres o familiares y convivir con ellos, o a recurrir a los llamados «nanopisos». También hay que destacar que un millón y medio de personas residen en viviendas que carecen de algún equipamiento básico, muchas de ellas en barrios marginales y entornos degradados, y que algo más de 1,5 millones de personas no tienen la posibilidad de adecuar la vivienda a las necesidades de las personas con movilidad reducida, que se ven obligadas a vivir en casas con barreras arquitectónicas.

Lo más llamativo es que estos problemas son poco visibles en comparación con otras formas de exclusión residencial, como el sinhogarismo y el chabolismo. Quizás por ello la sociedad española ha tardado tanto en reaccionar a la actual crisis de vivienda que, en realidad, se viene labrando desde hace ya tiempo.

Otro de los factores es el crecimiento del empleo ex-clusógeno. Ciertamente la realidad del empleo presenta actualmente los datos más positivos desde la medición de 2007. Han aumentado el empleo, el número de personas ocupadas y la población activa, engrosada gracias a las personas migrantes. Pero es importante establecer una distinción: el empleo creado ha sido dual. Efectivamente, el crecimiento económico de los últimos años ha funcionado como activador del empleo en dos vías. Por un lado, ha aumentado el empleo formal, estable e integrado, pero, por otro, también han aumentado los empleos con menor potencial integrador o incluso con carácter exclusógeno (venta a domicilio, venta ambulante, empleo de hogar no cualificado, reparto de propaganda, peones agrícolas, temporeros eventuales, recogedores de cartón, etc.).

Así, no se trata solo de tener o no tener empleo, sino de las condiciones del mismo, pues no podemos olvidar el fenómeno de las personas trabajadoras que padecen pobreza económica (12%) a pesar de sus rentas del trabajo. Y, más allá de lo monetario, estar empleado no protege de las dificultades para la integración social. Esto está suponiendo que el empleo ha dejado de ser un antídoto infalible frente a la exclusión social, ya que una de cada diez personas ocupadas está en situación de exclusión.

Una relación tan directa entre la situación de desempleo y la exclusión social nos sugiere, también, que las actuaciones propias de las políticas activas de empleo (orientación, formación, empleo protegido, subvenciones a la contratación...) deberían ser complementadas, en muchos casos, con medidas de apoyo y acompañamiento social. La colaboración efectiva entre los servicios sociales y los servicios de empleo es, aún hoy, una asignatura pendiente.

Y un tercer factor está relacionado con la salud, especialmente la mental. Las listas de espera, la exclusión de determinados servicios del catálogo de prestaciones del Sistema Nacional de Salud y la dificultad de acceso para la asistencia a la salud mental son, entre otras, algunas de las dificultades que afectan directamente a la población y que están generando una desigualdad creciente.

La encuesta revela, por ejemplo, el crecimiento de los casos de enfermedades graves y/o crónicas que no han recibido atención en el último año. En más de 600.000 familias alguien no ha recibido la atención que precisaba en el momento adecuado. Es significativo también la persistencia de un nivel alto de familias, un 12%, con dificultades para comprar medicamentos y seguir tratamientos o dietas por problemas económicos.

1.2. *Los perfiles de la exclusión social*

Los jóvenes, las mujeres, las familias con menores a cargo y los inmigrantes son los principales perfiles de la exclusión y de la desigualdad social.

Por grupos de edad, los más jóvenes son los que más han empeorado su situación al aumentar la incidencia de la exclusión social. En concreto, la infancia ha visto cómo la exclusión social severa le afecta más del doble ahora que en 2007. En concreto, es muy preocupante que la exclusión social severa en la infancia haya pasado del 7,2% en 2007 al 15,4% ahora, mientras que entre la juventud de 18 a 29 años ha pasado del 6,4% en 2007 al 11% en 2024.

Se está produciendo una tendencia al aumento de las desigualdades de género. Aunque en el período 2021-2023 puede verse una mejoría más rápida en los hogares encabezados por mujeres, la situación está todavía lejos de la igualdad. La exclusión social en los hogares sustentados por mujeres alcanza el 21% frente al 16% de los hogares encabezados por hombres, lo que representa un 34% más de afectación en las familias con mujeres al frente.

La mayor exposición a la exclusión social también se encuentra fuertemente asociada a las familias monoparentales (29%), a las familias con menores de 24 años (24%) y a aquellas familias con alguna persona con discapacidad (24%). Por el contrario, en los hogares en los que hay personas mayores de 65 años la incidencia de la exclusión social es muchísimo menor (hasta cuatro veces menos de incidencia de la exclusión social severa).

Un dato relevante es que la exclusión social afecta tres veces más a la población extranjera que a la de nacionalidad española. Las personas migrantes de nacionalidad africana son las más perjudicadas por estos procesos de marginación, ya que tres de cada cuatro sufren las consecuencias de la exclusión social de una manera más acentuada que el resto de la población de nacionalidad extranjera.

Sin embargo, la encuesta confirma que, pese a que las personas migrantes sufren una marcada brecha social y económica, tres de cada cuatro personas en exclusión social siguen siendo de nacionalidad española y esto se debe a que los procesos de exclusión social tienen su origen en nuestro propio modelo de sociedad.

Este avance del Informe FOESSA muestra cómo nos dirigimos a una sociedad del riesgo en la que pueden tambalearse las vidas de distintos estratos de la sociedad y que está reclamando que se aborden los retos sociales, no solo pensando en las mayorías, sino poniendo también el foco en aquellas personas, colectivos y territorios que tienen más dificultades. Estamos ante la gran oportunidad de construir un futuro y una sociedad que no prescinda de una buena parte de sí misma y en la que el principio del bien común sea la clave para el rediseño y desarrollo de un nuevo modelo de convivencia.

1.3. *Algunos retos que hay que afrontar*[6]

Los elementos que se han presentado nos alertan de que nuestra sociedad camina hacia la sociedad de la inseguridad y que, salpicados por las crisis de 2008, de la COVID-19 y de la inflación, han agravado la inercia propia de una estructura social y económica que ya se alejaba de los principios del bien común, de la equidad y de la justicia social.

Hoy día nos enfrentamos a numerosos y diversos retos para frenar este peligroso avance. Unos retos que apuntan a un cambio social que persiga el respeto de las personas y de la dignidad inherente a la condición humana, lo cual exige la garantía y la protección de los derechos.

Y, para ello, aunque toda la sociedad debe estar implicada y comprometida, aludimos a la concreta necesidad de potenciar que el diseño de las políticas públicas parta de un enfoque integral basado en derechos. Esto nos lleva a exigir que ningún derecho quede a la suerte de un mercado que demuestra ser ineficaz para realizar esta

---

[6] Cf. R. Flores y M. Sánchez-Sierra, *Un peligroso avance hacia la sociedad insegura.*

tarea —una que, por otro lado, tampoco le corresponde—. Delegar en él solo generará nuevas brechas de desigualdad entre quien pueda pagar y quien no, privando así a los últimos del ejercicio real del derecho.

En función de lo expuesto los retos que nos parecen prioritarios son:

a) Lograr que todas las personas tengan unas condiciones de vida dignas independientemente de su relación con el empleo. Un empleo que sigue sin llegar a todas las personas y que desde hace tiempo no ofrece las garantías suficientes para proteger a las personas trabajadoras de la pobreza y la exclusión. Para ello, es preciso atender las carencias de tipo material, bien complementando aquellos salarios que son insuficientes o garantizando unos ingresos mínimos pero suficientes para la vida en sociedad, lo que supone seguir desarrollando el sistema de garantía de ingresos mínimos.

b) La integración social es más que lo monetario, por lo que es necesario pensar en reforzar paralelamente el sistema de protección social para garantizar, también, el derecho a la inclusión social, así como explorar otros espacios y tareas (porque el trabajo no es solo empleo) que faciliten la integración y la participación social, generando además bienestar común.

c) Es preciso ampliar y reforzar las políticas públicas de vivienda para toda la sociedad y en especial para las familias más vulnerables. Para ello, es primordial generar un parque de vivienda público extenso, así como luchar contra la exclusión residencial, tanto de vivienda inadecuada como de vivienda insegura.

d) Resulta apremiante afrontar las situaciones de pobreza y exclusión social que afectan a la infancia. El déficit en inversión en infancia y en políticas orientadas a la familia es un reto de primera magnitud en la construcción de una efectiva solidaridad intergeneracional.

e) Un mayor nivel de estudios es un factor protector de la exclusión social. Por este motivo es preciso favorecer el acceso a la educación no obligatoria, en concreto a la formación profesional y universitaria, teniendo en cuenta que no todas las personas pueden afrontar las tasas de matriculación ni el mantenimiento durante los años de estudios.

f) Es necesario seguir invirtiendo en el Sistema Nacional de Salud para asegurar una atención universal, de calidad y en plazos de tiempo adecuados a las necesidades de todas las personas. Resulta especialmente urgente la atención de la salud mental, para lo cual es necesario contar con profesionales suficientes para que la atención psicológica sea efectivamente parte del derecho a la salud.

g) Urge la puesta en marcha de políticas sólidas de equidad y solidaridad con estas poblaciones de origen migrante, que se encuentran segregadas y marginadas, ocupando los niveles sociales más desfavorecidos y con graves dificultades para su plena aceptación e inclusión social.

2. Iglesia sinodal, misionera y misericordiosa

El Sínodo de la sinodalidad nos ha ayudado a poner de nuevo el foco de nuestra mirada en la centralidad de Dios y aprender en la escuela de la Virgen María, para configurar una Iglesia que ora, medita, dialoga, acompaña, escucha, discierne, decide y actúa:

> De la Virgen María, Madre de Cristo, de la Iglesia y de la humanidad aprendemos el arte de la escucha, la atención a la voluntad de Dios, la obediencia a su Palabra, la capacidad de captar las necesidades de los pobres, la valentía de ponerse en camino, el amor que ayuda, el canto de alabanza y la exultación en el Espíritu (Documento final, 29)

La sinodalidad es «una dimensión constitutiva de la Iglesia». Más que un simple procedimiento operativo, designa la naturaleza de la Iglesia «pueblo de Dios», esto es, un «misterio de comunión», el camino que recorremos «nosotros» juntos, el pueblo de Dios que, por el don del Espíritu, cree, espera y ama[7].

Hay una relación muy estrecha entre sinodalidad y misión. La Iglesia sinodal es misionera y la Iglesia misionera es sinodal, lo que significa no solo que la Iglesia es sinodal y misionera al mismo tiempo, sino que solo es misionera si es sinodal y sinodal si es misionera. El documento *La sinodalidad en la vida y misión de la Iglesia* de la Comisión Teológica Internacional señala de manera elocuente que:

> En la Iglesia, la sinodalidad se vive al servicio de la misión. *Ecclesia peregrinans natura sua missionaria est* (AG 2), «ella existe para evangelizar» (EN 14). Todo el Pueblo de Dios es el sujeto del anuncio del Evangelio. En él, todo Bautizado es convocado para ser protagonista de la misión porque todos

---

[7] Cf. C. M Galli, *El Espíritu Santo y nosotros* (Santander: Sal Terrae, 2025), 321.

somos discípulos misioneros. La Iglesia está llamada a activar en sinergia sinodal los ministerios y carismas presentes en su vida para discernir, en actitud de escucha de la voz del Espíritu, los caminos de la evangelización[8].

La sinodalidad y la misión van en correlación dialéctica. Como dijo el Concilio, la Iglesia surge «de la misión del Hijo y del Espíritu Santo, según el designio de Dios Padre» (AG 2). Una eclesiología dinámica afirma no solo que la Iglesia tiene una misión, sino que la misión del Dios trino tiene una Iglesia. La sinodalidad es misionera, la misión es sinodal: la misión ilumina la sinodalidad y la sinodalidad impulsa a la misión. «Id y haced discípulos de todos los pueblos» (Mt 28,19). La sinodalidad marca el estilo de la misión. Expresa una forma o un modo de ser, actuar y vivir en la Iglesia. La condición sinodal debe caracterizar el estilo de la comunión misionera[9].

La Iglesia sinodal y misionera es esencialmente misericordiosa. Este es el principio más estructural de la vida de Jesús, lo que va a configurar su vida, su misión y su destino, y consecuentemente también debe serlo de la Iglesia[10].

La opción preferencial por los pobres está implícita en la cristología: Jesús, pobre y humilde, hizo amistad con los pobres, caminó con ellos, compartió su mesa y denunció las causas de la pobreza. Si hacer sínodo significa caminar junto a Aquel que es el camino, una Iglesia sinodal necesita poner a los pobres en el centro de su

---

[8] Comisión Teológica Internacional, *La Sinodalidad en la vida y misión de la Iglesia*, 53.

[9] Cf. C. M Galli, *El Espíritu Santo y nosotros,* 388-399.

[10] Cf. J. Sobrino, *El principio-misericordia. Bajar de la cruz a los pueblos crucificados* (Santander: Sal Terrae, 1992), 37.

propia vida: a través de sus propios dolores tienen conciencia directa del Cristo sufriente (cf. EG, 198).

Así la sinodalidad se hace profecía social. Efectivamente, el estilo sinodal, practicado con humildad, puede hacer de la Iglesia una voz profética en el mundo de hoy porque el modo sinodal de vivir las relaciones es una forma de testimonio con relación a la sociedad de cara a afrontar los retos que tenemos como sociedad y a construir el bien común.

> Además, responde a la necesidad humana de ser acogido y sentirse reconocido dentro de una comunidad concreta. Es un desafío al creciente aislamiento de las personas y al individualismo cultural que, incluso, la Iglesia ha absorbido en su interior con frecuencia, y nos llama al cuidado recíproco, a la interdependencia y a la corresponsabilidad por el bien común (Documento final, 48).

Los pobres marcan el camino de una Iglesia sinodal, misionera y misericordiosa porque están en el corazón de Dios y de la misma Iglesia, que los reconoce como insturmentos de salvación:

> «El corazón de Dios tiene un sitio preferencial para los pobres» (EG 197), los marginados y excluidos y, por tanto, también en el de la Iglesia. En ellos la comunidad cristiana encuentra el rostro y la carne de Cristo, que, de rico que era, se hizo pobre por nosotros, para que nosotros nos enriqueciéramos con su pobreza (cf. 2 Cor 8,9). La opción preferencial por los pobres está implícita en la fe cristológica. Los pobres tienen un conocimiento directo de Cristo sufriente (cf. EG 198) que los convierte en heraldos de una salvación recibida como don y en testigos de la alegría del Evangelio. La Iglesia está llamada a ser pobre con los pobres, que a menudo son la mayoría de los fieles, y a escucharlos y considerarlos sujetos de evangelización, aprendiendo juntos a reconocer los carismas que reciben del Espíritu (Documento final, 19).

Esta escucha de los que sufren la exclusión y la marginación contrasta con un mundo en el que la concentración de poder deja fuera a los pobres, los marginados, las minorías y a la tierra, nuestra casa común, pero refuerza la conciencia de la Iglesia de que es parte de su misión hacerse cargo del peso de estas relaciones heridas para que el Señor, el «Viviente», pueda sanarlas. (cf. Documento final, 47, 48, 57)

Los cristianos estamos llamados, como discípulos misioneros, a incidir en la construcción de una mundo más humano, más justo y fraterno:

> El compromiso por la defensa de la vida y los derechos de la persona, por el orden justo de la sociedad, por la dignidad del trabajo, por una economía justa y solidaria, por una ecología integral, forman parte de la misión evangelizadora que la Iglesia está llamada a vivir y encarnar en la historia. (Documento final, 151)

3. Caminando con los últimos de nuestra sociedad

En la experiencia del Éxodo descubrimos que Dios camina *con* su pueblo y *en* su pueblo, identificándose con los hombres y las mujeres en su caminar como prolongación de la Encarnación. Por eso, el encuentro con el migrante y el vulnerable es, también, un encuentro con Cristo:

> Dios no solo camina con su pueblo, sino también en su pueblo, en el sentido de que se identifica con los hombres y las mujeres en su caminar por la historia —especialmente con los últimos, los pobres, los marginados—, como prolongación del misterio de la Encarnación. Por eso, el encuentro con el

migrante, como con cada hermano y hermana necesitados, es también un encuentro con Cristo[11].

Caminar juntos significa no dejar a nadie atrás y ser capaces de seguir el ritmo de los que más les cuesta ¿Cómo podemos crecer en nuestra capacidad de promover el protagonismo de los últimos en la Iglesia y en la sociedad? ¿Qué pasos nos invita a dar el Espíritu para crecer como Iglesia sinodal, misionera y misericordiosa, que camina con los últimos de nuestra sociedad?

3.1. *Impulsar una continua conversión*

El primer paso para caminar con los más pobres es, sin lugar a dudas, la conversión al Dios de la misericordia para hacer nuestras las actitudes de Jesús (cf. Documento final, 51).

Si la Iglesia y las instituciones de la pastoral social quieren ser hoy buena noticia para los más pobres, tienen que ponerse

> en una actitud de continua renovación y conversión al Dios de la misericordia. Esta si es auténtica, trae consigo una esmerada solicitud por los pobres desde el encuentro con Cristo. En la medida que nos conformemos más a Él, nuestra caridad será más activa y eficaz[12].

Esta conversión «consiste, en primer lugar, en abrir nuestro corazón para reconocer las múltiples expresiones

---

[11] Francisco, *Dios camina con su pueblo*, mensaje del Santo Padre Francisco para la 110ª Jornada Mundial del Migrante y del Refugiado 2024.

[12] Conferencia Episcopal Española, *Iglesia, servidora de los pobres. Instrucción Pastoral* (Madrid, 2015), 34.

de la pobreza», viviendo un estilo de vida coherente «con la fe que profesamos»[13]. Efectivamente, se trata de convertirnos a los pobres «como lugar teológico», donde Cristo nos espera y desea que luchemos con ellos.

3.2. *Salir al encuentro de las personas empobrecidas*

No hay que esperar a que llamen a nuestra puerta, dijo el papa Francisco, sino llegar a ellos «en sus casas, en los hospitales y en las residencias, en las calles y en los rincones oscuros donde a veces se esconden, en los centros de refugio y acogida...», logrando ante todo «reconocerlos realmente», para hacerlos «parte de nuestra vida e instrumentos de salvación». Eso significa ser Iglesia que camina con últimos de la sociedad (cf. VᵃJMP, 9).

Salir al encuentro para acompañar sus procesos de desarrollo en los que se valoren sus capacidades, reconociéndoles que no solo reciben, sino que tienen mucho que aportar, ayudándoles a ser sujetos protagonistas de su propia inclusión social para el logro del ejercicio de sus derechos. Uno de los nuevos ministerios eclesiales puede ser el de la escucha y el acompañamiento[14].

---

[13] Francisco, «A los pobres los tienen siempre con ustedes» (Mc 14,7), V Jornada Mundial de los pobres, 14 de noviembre de 2021, 4. En adelante «VᵃJMP» y el número correspondiente

[14] Al respecto dice Carlos Galli: «hoy hace falta un profundo discernimiento comunitario sobre los ministerios bautismales que es conveniente crear o impulsar a la luz de las necesidades pastorales, de los signos de los tiempos y de las realidades de los laicos. Los nuevos ministerios pueden orientarse a atender los requerimientos internos de las comunidades y a encauzar los carismas laicales al servicio de una sociedad más humana y justa. Cf. C. M. Galli, *El Espíritu Santo y nosotros*, 416.

Si queremos que los pobres sean protagonista del camino de la Iglesia

> el compromiso [...] debe llegar a las causas de la pobreza y de la exclusión. Esto comprende la acción para tutelar los derechos de los pobres y excluidos y puede requerir la denuncia pública de las injusticias, sean perpetradas por individuos, gobiernos, empresas o estructuras de la sociedad[15].

3.3. *Transitar caminos de justicia para la transformación social*

> Los cristianos tienen el deber de comprometerse en la participación activa para la construcción del bien común y en la defensa de la dignidad de la vida, tomando la inspiración de la doctrina social de la Iglesia y obrando de diversas formas (compromiso en las organizaciones de la sociedad civil, en los sindicatos, en los movimientos populares, en el asociacionismo de base, en el campo de la política, etc.)[16].

> La sociedad mundial tiene serias fallas estructurales que no se resuelven con parches o soluciones rápidas meramente ocasionales. Hay cosas que deben ser cambiadas con replanteos de fondo y transformaciones importantes (FT, 179).

Efectivamente, no basta con acoger a los pobres y ofrecerles limosnas apresuradas. Las nuevas formas de pobreza nos comprometen a luchar por cambiar aquellas situaciones injustas, lo que nos lleva, también, a reclamar

---

[15] Cf. *Por una Iglesia sinodal: comunión, participación y misión*. XVI Asamblea General Ordinaria del Sínodo de los Obispos, informe de Síntesis, octubre de 2023.

[16] Cf. ibíd.

un «compromiso político y legislativo serio y eficaz para acabar con la pobreza»[17].

Implica, por tanto, buscar una solución estructural al problema de la exclusión social. En ese sentido, la parábola del buen samaritano invita a vivir la caridad política, a que resurja la vocación de ser ciudadanos del propio país y del mundo entero, encaminados a la prosecución del bien común (cf. FT, 66, 77). El amor es también civil y político y se manifiesta en todas las acciones que procuran construir un mundo mejor. La caridad política es «un acto de caridad indispensable dirigido a organizar y estructurar la sociedad de modo que el prójimo no tenga que padecer miseria». Para ello, es necesario crear instituciones más sanas, regulaciones más justas y estructuras más solidarias que permitan modificar las condiciones sociales que provocan sufrimiento (FT, 180, 186).

Resulta ineludible un compromiso social que sea transformador de las personas y de las causas de las pobrezas, y apueste por un modelo de desarrollo más humano e integral; caracterizado por la centralidad de la persona, la soberanía de la ética, la economía al servicio del ser humano, la política orientada al bien común, la justicia social a nivel planetario y la sostenibilidad ecológica.

3.4. *Fortalecer la comunidad cristiana como signo de fraternidad universal*

Nadie puede pelear la vida aisladamente. Se necesita una comunidad que nos sostenga, que nos ayude y en la que nos ayudemos unos a otros a mirar hacia adelante (FT, 8).

---

[17] Francisco, *«No apartes tu rostro del pobre» (Tob 4,7)*, VII Jornada Mundial de los pobres, 19 de noviembre de 2023, 6.

Se necesita una comunidad de pertenencia y solidaridad a la cual podamos destinar tiempo, esfuerzos y bienes (cf. FT, 36). Por tanto, estamos invitados a convocar y encontrarnos en un «nosotros» que sea más fuerte que la suma de acciones individuales (cf. FT, 78), pues «mientras más crece el sentido de comunidad y de comunión como estilo de vida, mayormente se desarrolla la solidaridad»[18]. Y crecemos en la conciencia del nosotros cuando nos desvivimos en el mutuo cuidado y nos entregamos en el compartir, porque el sobrevivir de unos solo es posible por el desvivirse de otros.

La Iglesia está llamada a ser signo del amor de Dios dignificando a los pobres. Esto requiere promover comunidades fraternas que acogen, sirven, acompañan y comparten con las personas empobrecidas como hermanos de camino, así como crear espacios de encuentro, humanización, cuidado y participación donde los mismos pobres den y reciban, con el fin de testimoniar una nueva fraternidad.

Para que la comunidad pueda dar testimonio de la alegría del Evangelio, creciendo en la práctica de la sinodalidad, necesita una formación que sea integral, continua y compartida. La finalidad de dicha formación no es solo la adquisición de conocimientos teóricos, sino la promoción de capacidades como la apertura y el encuentro, compartir y colaborar, reflexionar y discernir en común, hacer lectura creyente de las experiencias concretas. Por tanto, una formación que abarque todas las dimensiones de la persona (intelectual, afectiva, relacional y espiritual)

---

[18] Francisco, *Jesucristo se hizo pobre por vosotros (cf. 2 Cor 8,9)*, VI Jornada Mundial de los pobres, 13 de noviembre de 2022, 6

e incluya experiencias concretas debidamente acompañadas.

Importante para ser signos tangibles de esperanza e incidir en la construcción de un mundo más justo y fraterno, como discípulos misioneros, es la formación en la Doctrina Social de la Iglesia en temas como el compromiso por la paz y la justicia, el cuidado de la casa común y el diálogo intercultural e interreligioso (cf. Documento final, 141,143, 151).

3.5. *Colaborar en la sociedad de los cuidados y en el cuidado de la casa común*

En la Jornada Mundial por la Paz de 2021, Francisco aboga por la *cultura del cuidado*, entendida como

> el compromiso común, solidario y participativo para proteger y promover la dignidad y el bien de todos, como una disposición al cuidado, a la atención, a la compasión, a la reconciliación y a la recuperación, al respeto y a la aceptación mutuos... (54ªJMPaz, 9)[19].

El Papa nos propone la cultura del cuidado como posibilidad real y eficaz para erradicar la indiferencia, el rechazo y la confrontación, en nuestro día a día como eje sobre el que puede transformarse la historia humana (cf. 54ªJMPaz, 1).

Una sociedad es tanto más humana cuanto más sabe cuidar a sus miembros frágiles. Hemos de avanzar hacia un modelo que ponga los cuidados y la justicia en el cen-

---

[19] Francisco, *La cultura del cuidado como camino de paz*, 54.ª Jornada Mundial por la Paz, 9. En adelante 54JMPaz y el número correspondiente.

tro de la vida, dar el paso de una política de bienestar a una política de cuidados. La Iglesia está comprometida en la construcción y configuración de la cultura del cuidado, que tiene a la compasión y la solidaridad como columna vertebral[20]. Cuando cuidamos y somos cuidados, cuando hay solidaridad, nada está perdido para la esperanza.

Hoy se habla de la sociedad de los cuidados como evolución del régimen de bienestar, en algunas situaciones insuficiente, a otro modelo basado en un sistema de relaciones y reorganización social, que pone en el centro la sostenibilidad de la vida y el cuidado. Se trata de dar el paso de una política de bienestar a una política de cuidados. Se plantea, en consecuencia, un nuevo modelo social en el que al Estado, al mercado y la familia se suman las capacidades de las personas y de la comunidad.

La cultura del cuidado mira, también, hacia la casa común porque «Cuidar el mundo que nos rodea y contiene es cuidarnos a nosotros mismos» (FT, 17). «El auténtico cuidado de nuestra propia vida y de nuestras relaciones con la naturaleza es inseparable de la fraternidad, la justicia y la fidelidad a los demás» (LS, 70).

3.6. *Contribuir a la cultura del encuentro*

En medios de tantas tensiones, polarizaciones y cruces de culturas se necesita el encuentro que potencie el diálogo y el consenso, la acogida y hospitalidad, el fecundo intercambio y un horizonte universal. (cf. FT, 133-139)[21].

---

[20] Cf. Francisco, Francisco, Laudato si', *sobre el cuidado de la casa común*, carta encíclica, 2015, 139. En adelante LS y el número correspondiente.

[21] Así lo recoge el documento final, inspirándose en el «Documento sobre la fraternidad humana por la paz mundial y la convivencia común»,

Frente a la cultura del desencuentro, de la fragmentación, del descarte. [...] debemos ir al encuentro y crear con nuestra fe, una cultura de la amistad, una cultura donde seamos hermanos, donde podemos hablar también con quienes no piensan como nosotros o tienen otra fe. Todos tienen algo en común con nosotros: son imágenes de Dios, son hijos de Dios. Se trata de «construir una cultura que sea respuesta a las llagas de este tiempo, caracterizado por una pobreza creciente y el drama de las migraciones forzadas»[22].

Colaborar en la cultura del encuentro compromete a toda la Iglesia al reto global de la movilidad humana, facilitando el acceso y la restitución en derechos a personas migrantes y refugiadas e incorporando a nuestra acción social el modelo de la hospitalidad, la interculturalidad y el cosmopolitismo samaritano (cf. FT, 130).

Un gran desafío es erradicar toda actitud de racismo, discriminación y xenofobia, que algunos partidos políticos fomentan con fines electoralistas (cf. FT, 39) y en la que algunos cristianos caen (cf. FT, 39). Es necesario apostar por un modelo de convivencia intercultural, que respete las diversas cosmovisiones y estilos de vida (cf. FT, 219)

Dicho modelo ha de pivotar sobre la igualdad de oportunidades en la sociedad de acogida, el reconocimiento de la diversidad cultural (cf. FT, 219) y la promoción de comunidades acogedoras, como nos invitan nuestros obispos españoles en su Exhortación pastoral

donde se declara la voluntad de «asumir la cultura del diálogo como camino; la colaboración común como conducta; el conocimiento recíproco como método y criterio» (Documento final, 123).

[22] Cf. Francisco, Vigilia de Pentecostés con los movimientos eclesiales, 18 de mayo de 2013.

«Comunidades acogedoras y misioneras. Identidad y marco de la pastoral con migrantes».

En dicho documento profundizan en lo que significa la acogida y las actitudes que supone ante la presencia de las personas migrantes en nuestras parroquias y comunidades:

Acoger no es solo dar la bienvenida, sino extraer consecuencias del enriquecimiento mutuo y recíproco entre quienes acogen y son acogidos. Preguntarnos qué dones aportan y no solo qué desafíos traen quienes son culturalmente diferentes. Qué tipo de nueva identidad y nuevo rostro adquiere la comunidad y cómo esto puede suceder sin miedo a sentirnos desarraigados tanto acogidos como acogedores [...] Se trata de iniciar procesos de escucha activa, adecuación y transformación de las comunidades a la nueva realidad para que ese futuro común sea un «hogar» para todos[23].

Conclusión: abrir caminos de esperanza

«La esperanza de los pobres nunca se frustrará». Estas palabras del salmo 9 expresan una verdad profunda que la fe logra imprimir sobre todo en el corazón de los más pobres: devolver la esperanza perdida a causa de la injusticia, el sufrimiento y la precariedad de la vida. El pobre nunca encontrará a Dios indiferente. Esta certeza de no ser abandonado es la que invita a la esperanza.

En pocas palabras, la esperanza no defraudará cuando esté estrechamente vinculada a la justicia, al crecimiento humano, al compromiso en la construcción de nueva humanidad y nuevo mundo. Se reaviva la esperanza cuando hay signos concretos de cambio para los que sobrevi-

---

[23] CXXIV Asamblea Plenaria de la Conferencia Episcopal Española, *Comunidades acogedoras y misioneras. Identidad y marco de la pastoral con migrantes*, Madrid del 4 al 8 de marzo de 2024, 42-43.

ven en medio de la crueldad económica, política, social, militar y ecológica.

En suma, el Jubileo «de la esperanza no defrauda» y puede ayudarnos, según Francisco

a recuperar la confianza necesaria —tanto en la Iglesia como en la sociedad— en los vínculos interpersonales, en las relaciones internacionales, en la promoción de la dignidad de toda persona y en el respeto de la creación (SnC 25).

Para los cristianos, la esperanza tiene su razón de ser no solo porque Dios «vendrá», sino porque Dios está viniendo aquí y ahora, empujando e iluminando en medio de tantas oscuridades. Está viniendo de manera callada y discreta en los gestos de bondad, de ternura y solidaridad; está viniendo en la capacidad de resistencia de tantas personas vulnerables y frágiles, y está viniendo cuando nos dejamos afectar por el dolor del hermano y sacamos lo mejor de nosotros.

Presencia de la mujer en la Iglesia sinodal. Desafíos y compromisos

María Luisa Berzosa González

Religiosa Hija de Jesús, Roma

1. Punto de partida: mi experiencia eclesial

Me gusta partir de mi propia experiencia porque me sirve para reflexionar desde mi proceso y por si ayuda a otras personas.

Me tocó vivir el posconcilio primero en Salamanca y luego en Roma. Tuvieron lugar entonces mis primeras crisis de fe y decía Jesús sí, Iglesia no. Me enfadaba mucho con lo que veía y me hacía sufrir en la Iglesia.

Andando la vida he aprendido que si quiero seguir a Jesús no puedo separarlo de la Iglesia. Es punto y seguido, no puedo hacer ruptura. Ahora ya no me enfado pero me duelen mucho cosas que suceden en la Iglesia, sobre todo los abusos. Sé que existen en todas partes pero la Iglesia debe ser el entorno seguro, el lugar de confianza, de familia.

Pero como digo, no quiero vivir enfadada ni con la Iglesia ni con nadie; eso sí, acepto los muchos desafíos que se me presentan y quiero vivirlos desde el compromiso y la implicación de mi parte.

Los desafíos son retos que nos lanzan a entregar la vida como seguidores de Jesús y en mi proceso eclesial algo central que nuclea mi vida es este Señor muerto y resucitado que camina junto a nosotros y el Evangelio como programa de vida, centrado en el amor, el perdón, la acogida misericordiosa, incondicional, sin exclusiones, a toda persona y, cuanto más herida y enferma y pecadora, más atraída por Jesús.

2. Sínodo de la sinodalidad

En ese proceso eclesial se me ha dado participar en varios Sínodos: La fe, los jóvenes y el discernimiento vocacional, en 2018, y, en 2019, el Papa me nombra Consultora de la Secretaría General del Sínodo y en calidad de tal participo en el Sínodo de la Amazonía, un acontecimiento que me marcó profundamente por las fuertes denuncias proféticas que se escuchaban en el Aula sinodal por nuestros hermanos y hermanas aborígenes. Ellos hablaban en primera persona de las atrocidades que se estaban cometiendo en sus países, en cuanto a la naturaleza y las personas, muertes, deforestación, abuso y destrucción de la riqueza natural. Y esas denuncias se hacían con mucha paz, sin agresividad, sin ataque ninguno. Eran fuertes las denuncias, pero sin herir; eran fuertes las denuncias, pero eran un verdadero testimonio de paz y de reconciliación; resultaba un testimonio verdaderamente impresionante.

Después fui invitada a participar en las comisiones del Sínodo de la Sinodalidad y formé parte de la Comisión de Espiritualidad y de Comunicación; y dentro de la primera coordiné el grupo que se ocupaba de preparar materiales para Ejercicios Espirituales.

De octubre de 2021 a octubre de 2023 nos fuimos reuniendo todos los meses para elaborar materiales y recoger propuestas de los grupos y las personas. Hasta que, en la Asamblea de 2023 y también en la de 2024, fui Facilitadora en las mesas redonda, donde se llevó a cabo la Conversación en el Espíritu para el discernimiento.

Todo este proceso me ha permitido aproximarme y escuchar la realidad eclesial en la diversidad inmensa de contextos, de situaciones sociopolíticas, religiosas, culturales, económicas, cuyo final no se ve, es inconmensurable, y me ha hecho tocar de cerca gozos y sufrimientos, luces y sombras, realidades duras como aparecen en la película *Cónclave*.

Recordamos que el Sínodo de la Sinodalidad, que significa caminar juntos, es un proceso de 2021 a 2024, pero que va a continuar hasta 2028. Ahora han terminado las Asambleas, pero deseamos que continúe la sinodalidad, ese modo de ser Iglesia, participativa, en comunión y en misión.

Ser Iglesia sinodal exige una conversión en las relaciones. Es así como Dios Padre-Madre se relaciona con su Hijo y con el Espíritu. Vivimos en relación, somos seres relacionales, no podemos aislarnos cada uno en su lugar cerrado, reducido.

Y las relaciones exigen y se basan en la escucha mutua. La escucha y el discernimiento son dos elementos claves en nuestra Iglesia sinodal.

Escucha a Dios para dejarnos configurar por Él, para que, al eco de su Palabra, podamos moldear criterios, convicciones, decisiones... para abrirle cauces al compromiso.

Escucha al pueblo para permitir que la realidad permee, fecunde las necesarias respuestas, esas a las que urge la historia y que surgen de la contemplación de la realidad.

Escucha entre nosotros para mirarnos como Dios nos mira y liberarnos de etiquetas que, enmohecidas por los años y por los juicios mezquinos, aprisionan la belleza, la posibilidad, los dones de los demás.

En la Iglesia actual nos vamos renovando en la certeza de que en nuestro ejercicio pastoral estamos llamadas a seguir trabajando por una Iglesia con rostro sinodal, en la que haya lugar para todos. En la que ninguna burocracia, ni clericalismo haga sombra a la presencia y a la acción de un Dios que, sin distingo de género, condición, edad, cultura... nos llama a lo insospechado de su Reino, al amor hasta el extremo, a la entrega incondicional de la vida, para que, en la mesa de todos, haya pan y nadie caiga en la tentación de sentirse superior a los demás. La plenitud eclesial es posible, en clave fraterna, sororal y allí donde hay hermanos y hermanas y hacemos nuestra la necesaria ética de la hospitalidad.

Y como en todo proceso, además de luces y sombras hay también oportunidades, y nos referimos esencialmente a la presencia de la mujer en la Iglesia, en esta Iglesia sinodal. En esas oportunidades, momentos precisos, que en la Biblia llamamos Kairós, siempre hay pequeñas o grandes rendijas por donde entra aire nuevo, fresco, revitalizador, luz, posibilidades...

Vamos ahora a recorrer las luces que nos está trayendo el Sínodo de la Sinodalidad:

Luces

a) Retomar el concilio Vaticano II. No es cambiar el fundamento de la Iglesia, sino un modo nuevo de ser y estar y actuar en ella.

b) Revalorizar la vocación laical que ya se inició en el mismo Vaticano II.

c) Reconocer la igual dignidad que nos llega por el bautismo.

d) Desde aquí hablar de la Iglesia como Pueblo de Dios, que incluye la jerarquía, no es un elemento aparte.

e) Abrir la secretaría del Sínodo a una mujer, Natalie Becquart, con voz y voto.

f) Más tarde abrir el Aula Sinodal a personas no obispos, como laicos, laicas, sacerdotes, religiosos y religiosas, por tanto mujeres con voz y voto.

g) Una luz muy potente, ha sido la dinámica de las mesas redondas; no era algo decorativo, era la posibilidad de participar en círculo, sin presidencia. Como Facilitadora animaba el diálogo y yo no podía participar con mis experiencias, sino de alguna manera quedaba fuera...

h) Esa dinámica garantiza que todos hablan, todos escuchan y todos son escuchados.

Sombras

a) Sigue habiendo grupos marginados que no integramos, sino que siguen en el margen, por la Jerarquía y por los cristianos de base.

b) La lentitud en los procesos de incorporación de la mujer para puestos de responsabilidad en la Iglesia, aunque se van dando pasos lentos y vamos avanzando.

c) Desde 2018 hasta ahora, hay cambios, casi siempre en segunda línea, aunque con el libro de reforma de la Curia —*Praedicate Evangelium*— se dice que un laico o una laica puede presidir un Dicasterio.

d) Hay una urgencia pastoral que está clamando la presencia de la mujer en la Iglesia. Tiene su razón de ser por el bautismo, como ya se ha dicho, pero también se afirma que la eucaristía es el centro de la vida cristiana. Yo no lo pongo en duda pero si no hay un varón célibe, ordenado, no hay eucaristía, no hay sacramento del perdón, entonces cómo ayudamos a las personas porque viven y mueren sin auxilios espirituales porque faltan muchos sacerdotes.

e) Ausencia de la mujer en igualdad, siempre está por debajo, todo se concibe desde el sacramento del orden.

f) El clericalismo excesivo no permite la entrada de la mujer en igualdad y a veces tenemos laicos clericalizados y eso no nos ayuda.

3. Igual dignidad por el bautismo: oportunidades

La primera es vivir el pluralismo de vocaciones, carismas y llamadas desde el bautismo y según la teología de Pablo, todos distintos pero todos necesarios, una pluralidad de vocaciones pero siendo parte del mismo cuerpo.

Un árbol enraizado, bien regado, con buenos nutrientes, entonces es un árbol fecundo y de esa raíz salen hojas, flores, frutos de muy diverso color, perfume, formas; una gran belleza tiene la diversidad.

Este árbol nos permite elegir, seguir la propia llamada, la opción no la imposición, poder elegir es algo que nos ayuda a ser más libres, optar por seguir a Jesús y su evangelio sin obligación porque ha habido un encuentro con esa persona y un encuentro que me seduce. Por tanto el centro de ese cuerpo es Jesús, la Iglesia es su comunidad, pero el objetivo de mi fe es Jesús.

El camino sinodal, por ende, no busca eliminar el poder de decisión del Papa o de los obispos. Todo lo contrario, lo afirma y lo fortalece eclesialmente exigiendo que ese poder se ejerza de manera consultada y consensuada porque la autoridad en la Iglesia está al servicio de todo el Pueblo de Dios. Se trata de potenciar al laico afirmando que por ser bautizados ya tenemos voz y crear los espacios en donde todos en la Iglesia, los laicos, religiosos, presbíteros y obispos, sean escuchados y representados. Al hablar de representatividad no nos referimos simplemente a números. Representatividad tiene que ver con inclusión de experiencias eclesiales tomando en cuenta a la diversidad de culturas que deben estar representadas en el proceder de la Iglesia. También a la diversidad de carismas, dones y ministerios.

Se hace necesario preparar a los futuros líderes pastorales en seminarios y otros centros de formación, para que aprendan lo que significa esta nueva cultura eclesial sinodal donde se privilegie la escucha, el diálogo y el discernimiento en conjunto. Es una nueva cultura del consenso en la Iglesia.

Sin embargo, en este proceso de reformas eclesiales en clave sinodal, el laico debe ser considerado como sujeto de la acción eclesial y no puede ser oyente pasivo o mero recipiente de las decisiones clericales. Hay estructuras que podemos rescatar para avanzar en esta práctica de inclusión de laicado, como son los consejos diocesanos pastorales pedidos por el Vaticano II, pero no demasiadas diócesis los han puesto en marcha.

4. Al estilo de Jesús

Un desafío grande es vivir al estilo de Jesús, ese que nos comunica el Evangelio. Y que se expresa muy bien en la parábola del buen samaritano, que muchas veces vemos al herido en el camino y pasamos de largo. No podemos llamarnos cristianos, seguidores de Jesús si no traducimos la fe en obras hacia el prójimo, el más próximo.

Pero se requiere la libertad de respuesta. «Estoy a tu puerta y llamo, si me abres, entraré y cenaremos juntos»[1]. El Señor no fuerza, no violenta la puerta, invita, por eso deja la libertad para responder.

Hay una actitud que atraviesa todo el Evangelio y es que toda persona que acude al encuentro de Jesús se siente necesitada, enferma, pecadora o herida en su familia y todas se vuelven a casa perdonadas, recuperadas, comenzando una etapa nueva, con posibilidad de cambiar de vida, de convertirse, ninguna se siente rechazada, excluida de su atención. El caso más claro es el de aquella mujer que llevaba 18 años encorvada, sin poderse

[1] Ap 3,20.

poner de pie, y Jesús la sana y ella comienza a caminar erguida y dice Lucas que comenzó a alabar a Dios[2].

Qué hacemos nosotras con las personas que acuden en búsqueda de escucha, de perdón, de alivio para sus heridas. ¿Hacemos exclusión, marginamos, ponemos etiquetas?: no es de mi familia, de mi país, de mi color, de mi lengua y quedan fuera y tenemos en la Iglesia mesa para los puros en la que los impuros no tienen lugar: divorciados que no pueden comulgar, personas con diversa orientación sexual que no se consideran personas...

Necesitamos afinar la mirada desde el corazón para caer en la cuenta de que nuestro mundo está habitado por Dios. Él, contemplando al mundo que sale de sus manos, se enamora de él y lo abraza enviando a su Hijo porque no se puede abrazar sin tocar.

Nuestro lugar es el mundo concreto donde estamos, no el que ya fue ni el que vendrá. Es en este mundo concreto donde necesitamos hacer comunidad, salir de nuestros individualismos, empeñarnos en hacer comunión en medio de un gran pluralismo, aceptándolo como un don y no como amenaza o peligro. Asumiendo críticas, resistencias y conflictos, pero siendo tejedoras de esperanza, de relaciones sanas y sanadoras. Sembradoras de bondad, perdón y misericordia a nuestro paso.

Deseamos que nuestra postura sea, como la de Jesús, innovadora, rompedora, revolucionaria e inclusiva. Jesús acepta a las mujeres en su grupo de discípulos, las incorpora a su misión, sin imponerles condiciones o prohibiciones. Sin ceder ante los prejuicios sexistas y ante las

---

[2] Cf. Lc 13,10-17

costumbres de la época, se puso a su favor, invitando a concebir de forma completamente distinta el papel de las mujeres en la sociedad de su tiempo y también el modo de tratarlas.

Deseamos vivir al estilo de Jesús con libertad de respuesta a su invitación, por apasionamiento, para compartir la misma fe con otras personas, enviadas a la misión de Cristo, siendo fecundas para fecundar.

5. La misión nos desafía

Por eso es un gran reto la misión. La de Cristo no la de mi parroquia o mi comunidad o mi congregación. Es la misión de Cristo que es anunciar que es un ser vivo que se ha hecho uno de nosotros y camina a nuestro lado.

Y todas las personas podemos ser misioneras, es decir, anunciadoras del mensaje de Jesús, de la buena nueva, no del Antiguo Testamento sino del nuevo, de esa buena noticia que está hecha sobre todo de amor, de perdón a los enemigos, de libertad, de acogida universal sin exclusión, con corazón y mente amplia para ver en cada persona un ser humano a imagen y semejanza de Dios.

La invitación es el envío:

Id y haced discípulos míos a todos los pueblos bautizándoles en el nombre del Padre y del Hijo y del Espíritu Santo. El envío, la invitación requiere también la libertad para decir sí o no. No es algo forzado ni obligatorio, sino oferta. Y exige ser cuidada para cuidar. Como nos recuerda en Libro de los Proverbios: «Por sobre todas las cosas, cuida tu corazón, porque de él brota el manantial de la vida»[3].

---

[3] Prov 4,20.

6. Ser re-conocidas

Con nombre y rostro. Como mujeres tenemos muchos desafíos y compromisos en empujar nuestra presencia en la Iglesia, no solamente como bautizadas, por lo cual podemos acceder a puestos de responsabilidad, sino también en el campo pastoral. Como el número de sacerdotes van disminuyendo —en la Amazonía se celebra la eucaristía una vez al año o cada tres años en algunas comunidades—, ¿por qué no creamos otros ministerios que nos permitan atender a las personas? Por eso hay que insistir en que se siga profundizando en el diaconado femenino, en el sacerdocio de las mujeres, en la ordenación de hombres casados... ya en las comisiones de estudio de los diversos temas se están recogiendo muchas sugerencias en este sentido.

Nos interesa, porque interesa a la Iglesia y al mundo, ser re-conocidas por nuestro nombre y rostro, desde nuestras propia vocación, no dejando ningún espacio sin ocupar, no diciendo «no estoy preparada, no estoy a la altura, no me siento capaz...»; pues prepárate, no puedes dejar espacios porque nunca los recuperarás

Como mujeres debemos ser en la Iglesia voz que anuncia y denuncia, que siente compasión, que se deja afectar en las entrañas para dar respuesta comprometida y coherente, mostrando un rostro propio que a veces aparece casi invisible, necesitamos mostrarlo con plena luz y posibilidades.

Vamos avanzando muy lentamente, pero se están dando pasos que resultan muy significativos y hacen intuir un horizonte de futuro que va a ir cambiando, con la inclusión más numerosa de la mujer en la Iglesia. Siempre habrá camino por delante porque llevamos mucho retraso, por tanto ahora no es la cantidad lo que va contando, sino los lugares que las mujeres van ocupando dentro de los organismos del Vaticano y, por tanto, en puestos claves de la Iglesia.

Ya en el Concilio Vaticano II hubo mujeres presentes, pero solamente como observadoras. Ahora se quieren actualizar los ricos contenidos de dicho Concilio. Es de esperar que de observadoras paseamos a tener una participación plena. Es ahora porque después será demasiado tarde.

Sin duda, en estos años del pontificado de Francisco se han dado pasos como digo muy significativos y además en campos muy diversos y tanto religiosas como laicas intervienen en áreas como la economía, la pastoral, las ciencias humanas o la teología.

Se puede y se debe hacer mas. Como he dicho queda mucho por hacer. Es hora de sentarnos juntos —eso significa sínodo— todas las personas que tenemos la misma dignidad nacida en el bautismo; si la Iglesia es Pueblo de Dios, si es comunidad de comunidades, si queremos que sea sinodal, no podemos tener esa desproporción numérica y categorías diversas; cierto que en una comunidad hay diversidad de carismas, pero todos miembros del mismo Cuerpo; hay variedad de funciones, pero ninguna es despreciable. Necesitamos unas relaciones de mayor igualdad e inclusión.

Personalmente respeto ambas peticiones, pero no deseo ser sacerdote en una Iglesia con la estructura actual; sí que me parece importante que se estudie el tema del diaconado femenino como también será bueno crear otros ministerios, ordenados o no, en función de la pastoral por la escasez que va habiendo de sacerdotes, porque no se puede celebrar ni el sacramento de la eucaristía ni de la reconciliación si tiene que reducirse todo a un varón célibe con el sacramento del orden. Pero no es labor de suplencia, sino de dignidad como bautizadas y por tanto miembros activos en la comunidad eclesial.

La atención espiritual a las personas es lo que no puede esperar. Tenemos que ayudar desde todos los ángulos donde estemos a abrirnos a odres nuevos para un vino nuevo, recordando el Evangelio; el Papa puede hacer mucho, pero no solo. Necesitamos ser atrevidas, audaces, presentar alternativas de manera creativa, que no es caprichosa, sino que escuchamos el clamor de las personas y queremos dar respuesta.

7. Implicación desde dentro

El compromiso es implicarse desde dentro; ahí también está en juego la pertenencia. Si me siento parte, participo; parece un juego de palabras; si no me siento parte nada me interesa o critico negativamente, pero sin comprometerme y eso creo yo que no tiene fuerza.

Criticar positivamente es comprometerse para que las cosas cambien a mejor. Y esto cada una donde nos encontremos en la Iglesia local: mi parroquia, mi comunidad, si no puedo en un lugar me voy a otro. La Iglesia es sobre todo clerical, varonil, el sacramento del orden ocupa gran parte, pero las cosas van cambiando.

Se abrió el Aula sinodal a personas no obispos, se ha nombrado a una mujer al frente del Dicasterio de la Vida

Religiosa, donde siempre hubo solamente cardenales y obispos; se han introducido a personas expertas en economía donde siempre hubo cardenales en el consejo de economía del Vaticano. Se han nombrado mujeres y varones para la secretaría del Sínodo donde todos eran obispos.

Comprometerse en la Iglesia es hacerlo desde la escucha del corazón. Dios habla, con gritos y susurros, en la brisa y en la tormenta. Acoger los signos de nuestro mundo —en voz baja e incluso en silencio— siendo voz de quien no tiene voz, de quien no es considerado como ser humano, es construir Iglesia comunidad que acoge de modo incondicional porque nuestro Dios es misericordia y perdón.

8. Camino abierto

Han terminado las Asambleas, por el momento, pero continúa la sinodalidad. Ahora nos toca llevarlo a la vida práctica. El Documento final es amplio y abierto, da juego para ser aplicado a toda realidad, está enmarcado en la Resurrección y en los textos evangélicos de la misma.

Ya no hay documento aparte, es este el validado por el Papa como documento eclesial. En los números del mismo se pueden ver las resistencias a las responsabilidades de la mujer en la Iglesia cuando aparecen tantos votos negativos en la votación final, aunque todos fueron aprobados.

Como mujeres laicas, consagradas, en cualquier lugar, hemos de reconocer nuestros dones y aportes femeninos y ofrecerlos sin complejos, como somos, adultas y responsables, sin pedir tantos permisos, siendo propositivas y audaces en dar pasos adelante, nunca atrás.

La sinodalidad implica la mutua escucha entre todos, el diálogo común porque, según el viejo adagio eclesial que Francisco recuerda: «lo que afecta a todos debe ser discutido por todos».

De ahí que la sinodalidad rompa el esquema de una Iglesia patriarcal y clerical, haga de la Iglesia una pirámide invertida, donde el Pueblo está arriba, mientras que la jerarquía y el Papa, abajo. Se rompe todo individualismo, capillismo, espíritu de secta, de élite, de aristocracia espiritual, de aislacionismo del clero, de párrocos y obispos, de la vida religiosa, para un caminar conjunto. Se ha dicho que la sinodalidad constituye un auténtico infarto teológico para la eclesiología tradicional de cristiandad.

La sinodalidad elimina el dualismo de una Iglesia docente y otra discente y hace que todos enseñemos y aprendamos en la Iglesia hacia el Reino.

De alguna manera la sinodalidad implica un protagonismo de los laicos y las laicas, hasta ahora totalmente desconocido y que interpreta la falta de vocaciones al ministerio y a la Vida Religiosa como un hecho providencial para abrirse a una Iglesia sinodal, a todo el Pueblo de Dios, mayormente laical. La sinodalidad exige una escucha especial de los miembros pobres, marginados, vulnerables, su cultura y su espiritualidad, ya que a ellos han sido revelados especialmente los misterios del Reino; son los predilectos del Señor y constituyen un lugar teológico privilegiado a través del cual se escucha la voz del Espíritu (EG 197-201; 126).

La sinodalidad tiene una dimensión ecuménica, de caminar conjuntamente con otras Iglesias cristianas hermanas hacia el Reino de Dios. Con todas las Iglesias hemos de reformarnos y convertirnos continuamente al

Evangelio y al Reino; la *eccclesia semper reformanda* pide una conversión pastoral de toda la Iglesia a Jesucristo y de todos al Pueblo de Dios.

La sinodalidad se abre a toda la humanidad, pues camina con todos los pueblos, lo cual supone un diálogo continuo, un respeto a culturas y religiones y buscar causas comunes como son la justicia, la solidaridad, la paz, el respeto a creación. *Laudato si', Fratelli Tutti* son encíclicas fruto de la sinodalidad.

Todo ello implica un clima de diálogo y de discernimiento comunitario para buscar entre todos, bautizados, miembros de otras religiones y no creyentes, el bien común de la Iglesia.

Pensemos en las consecuencias que se derivan de cara a las comunidades parroquiales, diocesanas, religiosas y a la Iglesia universal; por ejemplo: consulta previa a los fieles antes del nombramiento de los pastores respectivos o consulta al pueblo antes de documentos del magisterio. Los laicos tienen derecho y obligación de expresar su opinión de creyentes sobre asuntos económicos, políticos, familiares, de moral sexual, científicos y culturales.

Los cristianos no somos discípulos y misioneros, somos discípulos misioneros, en comunión con todo el Pueblo de Dios que camina hacia el Reino, por la fuerza del Espíritu que actúa desde abajo.

Y por si hubiera dudas de que la sinodalidad continúa, basta recordar la carta que el papa Francisco envió al card. Mario Grech, estando hospitalizado, en la cual habla de una etapa —la actual— para implementar, acompañar y evaluar el proceso sinodal.

> Es de fundamental importancia garantizar que la fase de aplicación sea ocasión para involucrar nuevamente a las personas

que ya han contribuido y para devolver los frutos de la escucha de todas las Iglesias y del discernimiento de los Pastores en la Asamblea sinodal: de este modo continuará el diálogo ya iniciado en la fase de escucha. El proceso se valdrá del trabajo de los equipos sinodales formados por presbíteros, diáconos, consagrados y consagradas, laicos y laicas, acompañados por su obispo: los equipos sinodales son instrumentos fundamentales para acompañar de manera ordinaria la vida sinodal de las Iglesias locales. Por esta razón, los equipos existentes deben ser reforzados y eventualmente renovados, y los equipos suspendidos deben ser reactivados y debidamente integrados. Este proceso ofrecerá también a las Diócesis que hasta ahora han invertido menos en el camino sinodal, la oportunidad de recuperar los pasos aún no dados y de formar, a su vez, equipos sinodales[4].

Como vemos es una invitación a continuar el camino quienes se encuentran en el mismo y una llamada de atención a quienes quizá todavía no se han incorporado al mismo. Se trazan etapas y fechas concretas en una clara y explícita información para que nadie quede fuera:

Marzo de 2025: anuncio del proceso de acompañamiento y evaluación.

Mayo de 2025: publicación del Documento de apoyo para la fase de implementación con las indicaciones para su puesta en práctica.

Junio de 2025-diciembre de 2026: itinerarios de implementación en las Iglesias locales y sus agrupaciones.

Octubre 24-26 de 2025: Jubileo de los equipos sinodales y de los órganos de participación.

Primer semestre de 2027: Asambleas de evaluación en las Diócesis y Eparquías.

---

[4] Carta del papa Francisco al card. Mario Grech; 11 de marzo de 2024.

Segundo semestre de 2027: Asambleas de Evaluación en las Conferencias Episcopales nacionales e internacionales, en las Estructuras Jerárquicas Orientales y en otras agrupaciones eclesiales.

Primer semestre de 2028: Asambleas continentales de evaluación.

Junio de 2028: publicación del *Instrumentum Laboris* para los trabajos de la Asamblea eclesial de octubre de 2028.

Octubre de 2028: celebración de la Asamblea Eclesial en el Vaticano.

La sinodalidad traerá los cambios que deseemos y nos comprometamos a hacer realidad, desde el espacio, pequeño o grande, que tenemos como posibilidad. La recepción del Documento final va a depender mucho de quienes están liderando las diversas instituciones y organismos, como una parte importante del Pueblo de Dios, pero no la única; todos y todas estamos invitados a implicarnos y comprometernos en este proceso.

No basta con haber concluido un documento, es preciso presentarlo en cada contexto, con la consiguiente adaptación a las particulares características de cultura, historia, lenguaje, economía, política.

El Documento final creo que es amplio, abierto, tiene muchas sutilezas de lenguaje que podemos ahondar para permitir esta adaptación. Bajo el título «Una iglesia sinodal en misión», está envuelto en la imagen del Señor Resucitado, con sus mensajes a los discípulos que ahora somos nosotros. Signo distintivo de la esperanza cristiana.

La clausura de la Asamblea Sinodal de Octubre de 2024, nos sorprendió con la «no» Exhortación del papa Francisco, como había hecho en otras ocasiones. Sus palabras fueron muy claras:

No pretendo publicar una «exhortación apostólica», basta con lo que se ha aprobado. En el Documento hay ya indicaciones muy concretas que pueden ser una guía para la misión de las Iglesias, en los diversos continentes, en los diferentes contextos, por eso lo pongo ahora a disposición de todos, por eso he dicho que se publique. Quiero, de este modo, reconocer el valor del camino sinodal realizado, que con este Documento entrego al santo Pueblo fiel de Dios[5].

A pesar de la sorpresa entendimos que este hecho era coherente con el proceso sinodal, que había partido desde abajo, cuando al inicio se nos invitó a participar en el mismo. Todo un trabajo de discernimiento, reflexión, escucha, oración... tenía sentido en sí mismo y el Papa entendió que era suficiente.

Pero se convertía en desafío comprometido para llevarlo a la práctica. El mismo Papa nos comunicaba como deseaba que fuera la Iglesia:

No una Iglesia muda, una Iglesia que recoge el grito de la humanidad. No una Iglesia ciega, sino una Iglesia iluminada por Cristo, que lleva la luz del Evangelio a los demás. No una Iglesia estática, una Iglesia misionera, que camina con el Señor por las vías del mundo[6].

Y tenemos un camino abierto dicho en poesía para llevarlo a la vida:

No te rindas, por favor, no cedas,
aunque el frío queme,
aunque el miedo muerda.

---

[5] Papa Francisco, *Discurso clausura Asamblea Sinodal*, 27 de octubre de 2024,

[6] Homilía de Clausura de Asamblea Sinodal, 28 de octubre de 2024.

Aún hay fuego en tu alma,
aún hay vida en tus sueños,
porque cada día es un nuevo comienzo,
porque esta es la hora y el mejor momento...[7]

Voy con las riendas tensas
y refrenando el vuelo,
porque no es lo importante llegar solo ni pronto,
sino llegar con todos y a tiempo[8].

Hoy es siempre todavía,
toda la vida es ahora.
Y ahora, ahora es el momento
de cumplir las promesas que nos hicimos,
porque ayer no lo hicimos,
porque mañana es tarde. Ahora[9].

---

[7] M. Benedetti, «No te rindas», en *Inventario. Poesie 1948-2000*, ed. por M. L. Canfield (Firenze: Le Lettere, 2001).

[8] L. Felipe, *Versos y oraciones del caminante y otros poemas*, ed. digital C. Carretter.

[9] A. Machado, «Hoy es siempre todavía», en *Proverbios y cantares. VIII (Nuevas canciones)*.

In memoriam

Me permito traer aquí el recuerdo agradecido a la memoria de nuestro querido papa Francisco, a sus doce años de pontificado, fijándome sobre todo en el Sínodo de la Sinodalidad que ha hecho renacer en nuestra Iglesia. Ha abierto caminos a la comunión y el pluralismo, a la acogida universal, a los migrantes y descartados.

La mayor presencia de la mujer en puestos de relevancia en la Iglesia sobre todoha puesto en el centro al Señor Jesús, muerto y resucitado, que camina junto a nosotros en la historia.

Y en consecuencia es puesto central para la persona humana. Él ha sido una persona de Dios proyectado hacia todo ser humano y especialmente aquellos que yacen heridos en las veredas de los caminos.

Nos toca asumir el compromiso de los caminos abiertos para continuarlos sin retroceder, con la esperanza como peregrinos en este año jubilar, de que el Espíritu no abandona a su Iglesia y nos regalará otro Papa que sepa guiarla bajo su inspiración.

¡Muchas gracias papa Francisco por tu entrega total!

Sábado 26 de Abril – Fecha de su funeral y entierro
María Luisa Berzosa González
Hija de Jesús – Roma

La Iglesia sinodal desde la perspectiva de (bastantes) mujeres. Aportaciones desde Gálatas 3,28

Silvia Martínez Cano

Universidad Complutense de Madrid
Instituto San Pío X (UPSA)
ORCID: https://orcid.org/0000-0002-6845-1209

En efecto, todos los bautizados en Cristo os habéis revestido de Cristo: ya no hay judío ni griego; ni esclavo ni libre; ni hombre ni mujer, ya que todos vosotros sois uno en Cristo Jesús. (Gal 3,27-28)

1. Introducción

A pocos meses del final del Sínodo sobre la Sinodalidad 2021-2025 y en el comienzo de otro pontificado, la sensación que tienen muchos creyentes es la de cierta expectación sobre lo que ahora se decidirá desde distintas instancias del gobierno de la Iglesia. El segundo documento del Sínodo, resumen de la asamblea de octubre de 2025, ha sido un documento ambiguo, porque las expectativas de muchos participantes estaban puestas en la concreción de iniciativas que respondieran a algunas de las preocupaciones descritas en el documento final de la primera asamblea de 2024. Lo cierto es que varias de esas preocupaciones se han sacado de la segunda asamblea, con la constitución de comisiones específicas, otras se han omitido (como la de la homosexualidad) y otras se han declarado como «no maduras» (como el diaconado de mujeres). Con el tiempo y con algo más de distancia, podremos ver si esta sensación queda satisfecha con determinadas acciones esperadas que hacen avanzar hacia una Iglesia más sinodal.

Más allá de los resultados del propio Sínodo, la realidad es que estos últimos años se ha generado una cierta «inercia sinodal» que nos ha acostumbrado a pequeños cambios y discretas innovaciones a lo largo del año en distintas áreas de la teología y la organización eclesiástica y eclesial. Por ejemplo, nos hemos acostumbrado a breves *motu propio* del papa Francisco que han modificado o añadido algunos elementos del derecho canónico (por ejemplo, la modificación del canon 230 para ampliar la participación ministerial a las mujeres), o a modificaciones en la estructura de la curia romana y otros organismos del Vaticano, con el objetivo de una mayor eficiencia, como por ejemplo el nombramiento de Simona Brambilla como prefecta del Dicasterio los Institutos de Vida Consagrada y las Sociedades de Vida Apostólica.

El Sínodo ha sido un ejemplo de la continuidad de la perspectiva de los trabajos de la Comisión Teológica Internacional (CTI), bajo una palabra principal: la «corresponsabilidad». Esta ha sido una de las palabras clave del Sínodo y se ha utilizado para promover el liderazgo de los laicos y las laicas, tanto en cuestiones de autoridad como de gobernanza. Su desarrollo ha servido para ejemplarizar de qué manera se puede combatir y mitigar el clericalismo que afecta a jerarquía y laicado, y que es el principal mal de la Iglesia en la actualidad. Por otro lado, se sigue desarrollando una confianza fraterna y eclesial a través del reconocimiento del *sensus fidei fidelium*, que recuerda la infalibilidad de las intuiciones de los fieles, discernidas desde el Espíritu.

En este contexto, debemos enmarcar el tema de nuestra reflexión, desde la posibilidad novedosa, y sin duda merecida, reconocida y devuelta, de que las mujeres puedan participar en la Iglesia con voz y voto, tal y como el bautismo nos concede a todos los fieles. Bastantes de estas mujeres y algunos hombres también, se han planteado las desigualdades internas de la Iglesia desde una perspectiva interseccional, es decir, desde la conciencia de que la complejidad de los factores que afectan al mundo (sexo, género, etnia, geografía, economía, edad, etc.) nos debe llevar a una reflexión teológica y eclesial que valora los matices y evita las dualidades, ampliando nuestra mirada sobre la realidad de la Iglesia católica y la del mundo. Y he dicho correctamente «bastantes» mujeres y con ello matizo el título del texto, pues no hablaremos de las aportaciones de todas las mujeres en general, como si fueran un solo grupo homogéneo, sino de las aportaciones de las mujeres que se han tomado en serio que, en el bautismo, todos y todas somos iguales ante Dios, hijas e hijos del mismo Padre, y hermanas y hermanos en la fe, que aman, comparten, cuidan y lideran del mismo modo y en horizontalidad y reconocimiento (Gal 3,28). Dichas aportaciones son en términos generales feministas (aunque esto debería ser matizado, algo imposible aquí), entendiendo el feminismo como un trabajo social y eclesial de reconocimiento y colaboración en igualdad con el/la otro/otra que produce situaciones inclusivas y equitativas.

Debemos por tanto preguntarnos «qué» mujeres están aportando a la sinodalidad y cuáles no, pues al igual que hay hombres que se resisten a la implementación de los procesos sinodales, hay mujeres que no están aportando a la sinodalidad, se resisten al cambio y sienten miedo al creer que deben repensar su vocación y sus vínculos a la fe y la comunidad eclesial. O simplemente no lo ven necesario. No están aportando tampoco las mujeres que se adaptan y se silencian, por voluntad propia o por obligación, en aquellos ámbitos eclesiales que prefieren una institución presinodal que no contempla la corresponsabilidad. No están aportando las mujeres que, cuando hacen teología, reproducen la teología que justifica modelos organizacionales preconciliares, renunciando a sus propias ideas y a su creatividad. Por eso hablaremos solo de las aportaciones de «bastantes» mujeres que se toman en serio la sinodalidad.

El texto tendrá dos partes. Una primera que describirá aquellas teologías que han influido de forma profunda, aunque no seamos conscientes, en la manera en que hoy estamos recreando la sinodalidad. Después, en una segunda parte se enunciarán algunos de los rasgos que estas teologías distintas pero convergentes están aportando a los procesos sinodales que están todavía en sus inicios y que tendrán que recorrer todo el siglo XXI para saber verdaderamente si hemos andado con buen pie.

2. La presencia de las teologías contextuales

La mayoría de las mujeres que se han incorporado a la teología a partir de los años 50 del siglo pasado lo hicieron en entornos de renovación teológica. Desarrollaron su investigación en el contexto de la teología política como, por ejemplo, Dorothe Sölle, compañera de J. B. Metz; Catharina Halkes, que colaboró con E. Schillebeeckx en el ambiente de la Universidad de Lovaina; Rose Mary Radford Ruether, en el ambiente de las universidades jesuitas de la costa este de EE. UU.; o Ivone Gebara, en el entorno de Helder Cámara y la teología de la liberación. Todas ellas son teólogas difíciles de clasificar, pues si bien desarrollan una teología hermenéutica católica en continuidad y renovación con la tradición, también fueron críticas con sus compañeros al introducir la perspectiva de género y la perspectiva ecológica en su reflexión.

Aun así, a riesgo de simplificar en exceso, en este contexto surgen tres grandes ámbitos de reflexión donde algunas mujeres teólogas comienzan a aportar ciertas ideas teológicas novedosas: la teología feminista, la teología ecofeminista y la teología poscolonial. Los tres ámbitos comparten, como lugar teológico y punto de partida de su hermenéutica, la opción preferencial por los pobres, deseo y propuesta del Concilio Vaticano II. Hemos elegido estos tres grandes ámbitos de producción de teología porque creemos que son el espacio actual de mayor creatividad teológica del que se está beneficiando toda la Iglesia católica universal. Definiremos brevemente cada uno y señalaremos aquellas preocupaciones que, con su trabajo, a lo largo de sesenta años, han aportado al *sensus fidei* de la Iglesia.

2.1. *Aportaciones de la/s teología/s feminista/s*

La teología feminista toma como marco de referencia la premisa de que no solo la realidad es desigual para hombres y mujeres, sino que también se interpreta de forma desemejante a partir de relaciones de poder desiguales. Para ello introduce la variable de género en sus análisis, pues pone especial atención a la experiencia sufriente de vida de las mujeres en una sociedad sexista que permea en la expresión comunitaria de la experiencia religiosa. En las mujeres se produce una experiencia de incomodidad ante la diferencia sexual en el interior de la Iglesia y sus efectos antropológicos, teológicos y eclesiales.

Desde esta perspectiva, algunas teólogas cuestionan que haya una hegemonía de un «único discurso teológico neutro», en el que casualmente no intervienen las mujeres. Cuando las mujeres están presentes en cuestiones eclesiales o teológicas lo hacen como objeto de estudio y no como sujeto de diálogo[1]. Con esto, algunas teólogas señalan que se ha identificado ese único modelo de reflexión con una visión androcéntrica y de dominación, que choca frontalmente con el Evangelio, estableciendo una serie de jerarquías a partir del sexo (hombre-mujer) y la sexualidad (célibe-casado) de los creyentes[2]. La teóloga Elisabeth Schussler Fiorenza utiliza la palabra *Kyriarcado* para describir este sistema como una pirámide de relaciones jerárquicas de poder y dominación que se nos impone en las relaciones intraeclesiales[3]. El análisis de este esquema piramidal de poder motiva a muchas teólogas a ir «más allá de la violencia» de la dominación y nutrir a la teolo-

---

[1] C. Vélez, «Teología de la mujer, feminismo y género», *Theologica Xaveriana* 140 (2001), 545-564, aquí 546.

[2] Cf. C. J. M. Halkes, *New Creation: Christian Feminism and the Renewal of the Earth* (Westminster John Knox Press, 1992).

[3] Cf. E. Schüssler Fiorenza, *Wisdom Ways: Introducing Feminist Biblical Interpretation* (Maryknoll, NY: Orbis Books, 2001).

gía de perspectivas teológicas y eclesiológicas inclusivas y centradas en la fraternidad y la equidad.

A lo largo de estas décadas, las teólogas feministas han analizado y deconstruido, reinterpretado y reconstruido los símbolos teológicos centrales y los redefinen en términos inclusivos e igualitarios. Rosemary Radford Ruether[4] considera que, para que pueda haber creatividad y cambios en la teología y en la Iglesia, deben darse dos condiciones: un cambio de conciencia sobre el conocimiento teológico y espiritual, y una conversión de determinadas condiciones socioeconómicas en la vida de las mujeres[5]. Schüssler-Fiorenza pone en práctica esta creatividad metodológica a partir de cuatro acciones: analizar, deconstruir, reinterpretar y reconstruir, y desarrolla una «hermenéutica de la transformación» o «danza hermenéutica» que busca modelos teológicos y espirituales plurales para acceder al conocimiento de lo sagrado, teniendo en cuenta la experiencia de las mujeres[6].

Asimismo, esta actividad teológica está vinculada a la acción y a la ética, por lo que es necesariamente práctica[7]. Esta dimensión se desarrolla aplicando el método inductivo pastoral (ver-juzgar-actuar). Es decir, primero hay que analizar con sentido crítico la realidad para dar cuenta

---

[4] R. Radford Ruether, *Sexism and God-talk: toward a feminist theology* (Boston: Beacon Press, 1983).

[5] Rosemary Hinton, «A legacy of inclusion: An interview with Rosemary Radford Ruether», *Crosscurrents* 52/01 (2006) 28-37. https://www.aprilonline.org/a-legacy-of-inclusion-rosemary-radford-ruether/

[6] Por ejemplo, véase en Radford Ruether, *Sexism and God-talk* y Schüssler Fiorenza, *Wisdom Ways*.

[7] K. Rahner, F. Arnold, V. Schurr y L. Weber (eds.), *Handbuch der Pastoraltheologie. Praktische Theologie der Kirche in ihrer Gegenwart*, I-III (Freiburg: Herder, 1970).

de aquello que afecta a las relaciones humanas y entender cómo fluyen las culturas y las personas, cómo cambian sus creencias y cómo esto afecta a la cultura que se va prefigurando en nuestro mundo. Y al comprender todo ello, se deben discriminar aquellas cuestiones que son importantes para la vida de los hombres y de las mujeres: las expectativas, la configuración social, la distribución de poderes, las costumbres, las formas de expresión, la vida espiritual, etc.

Segundo, hay que localizar aquellos elementos que desde un diálogo con el Evangelio deben cambiar, para que estén mejor orientados hacia una práctica del Reino de Dios más justa y equitativa. Estos elementos pueden ser de tipo antropológico, teológico o eclesiológico. Tras localizar las causas de su presencia y las consecuencias de su aplicación en la vida de las mujeres, se debe proponer un nuevo vocabulario teológico y buenas prácticas eclesiales que nos acerquen al «discipulado de iguales».

El trabajo crítico de la teología feminista ha influido en la toma de conciencia de una renovación en las formas de hacer teología y eclesiología en los siguientes aspectos:

• La conciencia de que existe una invisibilidad real en la Iglesia católica de las mujeres creyentes que indica que existen desigualdades internas eclesiales que son contrarias a la propuesta de Jesús. Estas desigualdades no se pueden dar por obvias ni justificarse, sino que en la línea del Concilio, la Iglesia está «siempre en reforma» (*Ecclesia semper reformanda*) pues «es a la vez santa y siempre está necesitada de purificación, y busca continuamente conversión y renovación» (LG 8) y debe seguir aprendiendo de sus errores, y continuar los procesos de mejora y transformación:

Toda renovación de la Iglesia (cf. Concilio Lateranense V, ses. XII (1517), constitución *Constituti*, cf. COD 649-655) consiste esencialmente en un aumento de la fidelidad a su vocación; esta es, sin duda, la razón por la cual el movimiento tiende hacia la unidad. La Iglesia peregrina en este mundo, está llamada por Cristo a esta reforma permanente (*perennem reformationem*) de la que ella, como institución terrena y humana, necesita continuamente (*perpetuo indiget*); de modo que si algunas cosas, por circunstancias de tiempo y lugar, hubieran sido observadas menos cuidadosamente en las costumbres, en la disciplina eclesiástica o incluso en el modo de exponer la doctrina —que debe distinguirse cuidadosamente del depósito mismo de la fe—, deben restaurarse recta y debidamente en el momento oportuno (UR, 6).

• La conciencia de que existe una invisibilidad real de la teología hecha por mujeres, ya sea desde una perspectiva u otra, y la conciencia de que la actividad teológica necesita integrar estas aportaciones en un coro plural de voces que recogen la diversidad de la experiencia teologizada de Dios. En esta cuestión los pasos son lentos, pues las dificultades de la integración de mujeres en los lugares de formación y estudio de la teología han sido y siguen siendo muy grandes. En 60 años se han alcanzado cuotas muy bajas de docentes femeninas en las facultades e institutos teológicos, que se mueven en porcentajes entre la inexistencia y un 18%[8]. Para ello a lo largo del tiempo se han creado asociaciones académicas de teólogas que animan e impulsan su trabajo, como la ATE (España), la ESW-

---

[8] E. Bautista, «En búsqueda de la justicia perdida», en *Resistencia y creatividad. Ayer, hoy y mañana de las teologías feministas*, ed. por Carmen Picó (Estella: Verbo Divino, 2014), 47-96.

TR (Europa), Coordinamento Theologhe (Italia), Teologanda (Argentina), Asociación Colombiana de Teólogas (ACT) o Indian Women Theologians Forum. Algunas de las mujeres teólogas que han crecido en contacto con estos colectivos, han leído sus publicaciones o han participado en sus eventos, han estado en el Sínodo o están en algunos lugares de autoridad y decisión de la Iglesia actual.

• La importancia de la conexión entre la teología y la praxis pastoral, que revaloriza el método pastoral ver-juzgar-actuar, que hoy se propone en los procesos sinodales relacionando íntimamente la Palabra de Dios con la toma decisiones respecto de las acciones que deben trasformar esa realidad. La vinculación teoría-práctica obliga, primero, a un posicionamiento profético claro frente a la desigualdad y a favor de la justicia social, en especial con los colectivos más desfavorecidos, entre ellos, las mujeres. En esta toma de conciencia, se hermana con otras teologías como la teología de la liberación y la teología política. Segundo, favorece la presentación creativa de alternativas sociales y políticas para erradicar las diferencias y las desigualdades y construir un orden igualitario, equitativo y justo de géneros que haga posible, de manera simultánea y concordante, promocionar el desarrollo personal y colectivo de cada persona y de cada comunidad.

• La importancia de repensar la teología fundamental sobre todo en ciertos aspectos: en el lenguaje teológico y el lenguaje sobre Dios, en la antropología teológica, en la cristología y la relación de las mujeres con Jesús y en la eclesiología.

2.2. *Aportaciones de las teologías ecofeministas*

La teología ecofeminista surge en la década de 1970 y se va desarrollando con fuerza en contextos muy diversos del mundo, estableciendo un diálogo con otras teologías, sobre todo las teologías contextuales de las décadas de 1980 y 1990, y las poscoloniales de las dos primeras décadas del siglo XXI. La teología ecofeminista precedió en el tiempo e influyó claramente en la encíclica *Laudato si'*, que incorporó el pensamiento ecológico sobre la crisis planetaria a las reflexiones oficiales de la Iglesia católica. Para describir las aportaciones que ha realizado la teología ecofeminista a los procesos sinodales necesitamos aclarar primero tres conceptos.

Primero, el punto de partida epistemológico de la teología ecofeminista es el ecofeminismo que defiende que todos los seres que constituyen el Universo viven en interdependencia e insiste en que muchos de los problemas actuales de las sociedades humanas provienen del excesivo protagonismo de la narrativa antropocéntrica de la realidad. Esta narrativa, por un lado, nos genera una sensación de soledad extrema frente al resto de la naturaleza y, por otro, anima prácticas individualistas que perjudican la vida del planeta y de los seres humanos[9].

Segundo, el ecofeminismo entiende que en las prácticas individualistas y androcéntricas de las sociedades hay unas jerarquías de dominación y devastación del planeta que someten a las mujeres y a las personas racializadas. La dominación del planeta y la dominación de

---

[9] J. Ress, *Sin visiones, nos perdemos: Reflexiones sobre Teología Ecofeminista Latinoamericana* (Chile: Cons-pirando, 2012), 46.

otras personas es el mismo tipo de violencia contra la vida, que proviene de la terrible creencia de que el ser humano debe controlar y dominar lo que es diferente a él. Así, las mujeres, las personas racializadas y la tierra son recursos para ser usados —y abusados—. El ecofeminismo busca, entonces, una mejor relación con nosotros mismos y con todo el cosmos.

Por último, la gran intuición del ecofeminismo es que todas las cosas están interconectadas y revestidas de lo sagrado. Desde sus comienzos, el ecofeminismo ha desarrollado un vínculo fuerte con la espiritualidad que se percibe como centro de la vida. Por eso vuelca parte de sus esfuerzos en redefinir nuestra comprensión de la divinidad y la espiritualidad humana.

La teología ecofeminista encuentra, aquí, un espacio estimulante de desarrollo pues entiende que el encuentro con lo trascendente, con Dios mismo, abarca más allá de las imágenes antropomórficas y se acerca a otras metáforas de la tradición cristiana como la «Sabiduría divina» o el «Espíritu divino creador». Por ello, investiga para desenmascarar los rasgos patriarcales y dominadores que le otorgamos a Dios e indaga en las fuentes teológicas para dejar emerger la Sabiduría divina que, íntimamente cercana a nosotros, se manifiesta en el cosmos y en nuestra vida cotidiana. La Sabiduría divina sostiene los procesos diarios de vida y a la vez anima las trasformaciones creativas internas y externas de las personas para que podamos descubrir, sin distorsiones, las relaciones justas entre las personas y entre la humanidad y el universo[10].

---

[10] R. Radford Ruether. *Gaia and God: An Ecofeminist Theology of Earth Healing* (San Francisco, CA: Harper, 1992), 46-48.

Desde esta perspectiva, la teología ecofeminista recupera una cosmología sacramental que fundamenta en la cristología del Nuevo Testamento[11]. En el encuentro con el cuerpo de Cristo somos sanados y liberados[12]. La humanidad está llamada a comulgar con Dios, en quien vivimos, nos movemos y tenemos nuestro ser (Hch 17,28). Los cuerpos, manifestación y misterio del ser, son presencias sacramentales de lo divino[13].

Por eso mismo, es necesario revisar la relación entre antropología y cosmología. Una mirada ecoteológica resitúa a la humanidad dentro y no encima del Universo. Reivindica a la humanidad no como «señora de la creación» mandada por su creador a «dominar la tierra» (Gn 1,28), sino como «humanidad-en-relación»: la relacionalidad

> es constitutiva de todos los seres. Es más elemental que nuestra consciencia de las diferencias y de la autonomía, la individualidad, o la libertad. Es la realidad básica de todo lo que es o puede existir. Es el tejido subyacente que está en continuo movimiento dentro del proceso vital en el cual estamos inmersas. Sus fibras entretejidas no existen separadamente, sino

[11] I. Gebara. *Longing for Running Water: Ecofeminism and Liberation* (Minneapolis, MN: Fortress Press, 1999), 173-192. [Texto en español: I. Gebara, *Teología ecofeminista* (Montevideo: Doble clic, 2000).

[12] «Para los cristianos es el Cuerpo de Cristo que sana nuestra alienación y separación de la presencia sacramental de Dios en la creación» (Ress, *Sin visiones*, 116), pues «Decir que Jesús es un símbolo significa que, aunque es Jesús de Nazaret, él es más que Jesús de Nazaret. Se convierte en una posesión de la comunidad de sus seguidores, una construcción colectiva que representa una forma de vida, un camino al sentido de nuestra existencia. Jesús como un símbolo es en cierto sentido más que Jesús de Nazaret como un individuo, porque en él millones y millones de personas están incluidos» (Gebara, *Longing for Running Water*, 187).

[13] Cf. Ruether, *Gaia y Dios*, 240ss.

solo en perfecta reciprocidad las unas con las otras —en el espacio, en el tiempo; en su origen y hacia el futuro[14].

A partir de este sucinto resumen de la teología feminista podemos intuir que sus aportaciones a los procesos sinodales buscan la reconstrucción de una teología relacional[15] que recupera la metáfora trinitaria como símbolo de la diversidad y el deseo de unidad dentro de un solo y único movimiento del cosmos[16]. La Trinidad es el Misterio que nos envuelve, que es uno y múltiple, y nos anima a la construcción de nuevas relaciones basadas en el cuidado y la reciprocidad[17]. Algunas de estas aportaciones son:

- La apertura a un lenguaje metafórico de Dios más diverso, que se nutre de la propia tradición cristiana

[14] Gebara, *Longing for Running Water*, 83.

[15] Gebara cuestiona la teología tradicional desde un punto de vista ecofeminista en cuatro aspectos: su definición de «persona»; sus reflexiones sobre ética; sus definiciones de Dios, Trinidad y Jesús; y finalmente, la relación entre ecofeminismo y la opción por los pobres. Cf. Gebara, *Longing for Running Water*, 2.

[16] «La Trinidad es el nombre que nos damos a nosotros mismos, un nombre que es la síntesis de nuestra percepción de nuestra propia existencia» (Gebara, *Longing for Running Water*, 148).

[17] Sallie MacFague, como Ivone Gebara, propone un entendimiento pananteístico de Dios, es decir, una relación Dios-mundo donde el mundo existe en Dios. Pone mucho cuidado en no igualar a Dios con el cosmos, insistiendo en el argumento escolástico clásico de que Dios es más que la suma de las partes. Pero, mientras que Dios trasciende al mundo, nada existe sin Dios. Al mismo tiempo, Dios está siendo «encorporalizado» en el proceso evolutivo cada vez más complejo. Entiende la creación como una encarnación continua, dinámica, creciente de Dios, una encarnación que corrige a siglos de la sobreenfatización de la trascendencia de Dios. De hecho, describe un cosmos donde «la trascendental inmanencia o inmanencia trascendente es el modelo del universo». Cf. S. McFague, *Models of God: Theology for an Ecological Age* (Philadelphia, PA: Fortress Press, 1987), y S. McFague. *The Body of God: An Ecological Theology* (Minneapolis, MN: Fortress Press, 1993).

y de otros elementos de la cultura. De esta manera ha animado a la teología a hacer diálogos con otras disciplinas, como la física —por ejemplo, la astrofísica o la física cuántica— o la biología —la corriente ecológica o la teoría de la evolución—, para ayudar a ampliar la semántica de la ternura, la cercanía, el asombro, la belleza, que son fundamento de la revelación de Dios.

- La reimaginación de la antropología cristiana y la identidad del ser humano no como «dominador de la creación», sino como «ser-en-relación», que forma parte del mundo natural, hermano/a de la naturaleza y cuidador/a de la Tierra y que sabe vivir la reciprocidad dentro del ecosistema en el que vive.

- La recuperación el cuerpo en la experiencia religiosa, pensado y vivido como lugar de sanación y salvación. Con ello recupera la sacralidad del cuerpo de la tradición bíblica y desecha las interpretaciones en las cuales el cuerpo de la mujer es lugar de pecado, superando las dualidades mujer/naturaleza y hombre/cultura. Con ello recuerda que todos hombres y mujeres compartimos una relación universal con la naturaleza y que la cultura también está relacionada con la Tierra a través de nuestra propia corporalidad.

- La recuperación de la vinculación entre los problemas de la tierra y los problemas de la humanidad. La pobreza y la injusticia se ceba en aquellos más vulnerables y en su entorno o hábitat de subsistencia. La injusticia socieconómica no solo afecta al ser humano, sino que deteriora el ecosistema y lo desequilibra, convirtiendo la pobreza en un círculo vicioso de destrucción. Y es en estos círculos de injusticia, donde las mujeres y los hombres sufren este deterioro de manera diferente pues padecen esa doble marginalización por causa de la dualidad naturaleza/cultura[18].

- Por último, se proponen nuevos rituales, cercanos a los sentidos, al cuerpo y a la naturaleza, que mejoren las formas de alabar a Dios y de celebrar en comunidad. Se busca una ritualidad más creativa y apegada a la comunidad y a la materialidad de la tierra. La teología ecofeminista invita a construir «comunidades de celebración y resistencia»[19] que cuidan las liturgias y las renuevan, así como permiten, a través del cuidado de los otros y la conexión con Dios, el cuidado del mundo.

2.3. *Aportaciones de las teologías poscoloniales*

La denominación de teología poscolonial surge a raíz de una expansión de la teología de la liberación a otros continentes ante la necesidad de dar contexto a la teología más allá de las categorías de Occidente. En los años

---

[18] Gebara insiste que la teología cristiana debe hacerse bastante más responsable de imponer una poderosa colonización ideológica de los cuerpos de las mujeres en el sentido de que la conducta de una mujer virtuosa ha sido predeterminada como la «voluntad de Dios».

[19] Rosemary Radford Ruether lo define como grupos locales con los que se establecen vínculos de afecto y con los que se vive, trabaja y ora. Reuther entiende la liturgia como una expresión fundamental de la comunidad, que está vinculada a otras actividades: Lo primero es modelar las terapias, espiritualidades personales y las liturgias comunitarias a través de las cuales nutrimos y simbolizamos una nueva consciencia biofílica. Lo segundo, hay que utilizar las instituciones locales sobre las cuales tenemos cierto control, nuestros hogares, escuelas, iglesias, los campos y los negocios controlados localmente, como proyectos piloto para una vida ecológica. Tercero, hay que construir las redes organizacionales que salen más allá, regionalmente, nacionalmente e internacionalmente, como un empeño de cambiar las estructuras de poder que hacen que el presente sistema de muerte permanezca en su lugar. Cf. Ruether, *Gaia and God,* 279.

noventa del siglo pasado estas teologías fueron denominadas como *contextuales* y respondían a la necesidad de relacionarse con la tradición teológica desde los distintos contextos locales del presente y del pasado, al tiempo que atendían a la realidad histórica y cultural en permanente cambio. En este sentido las teologías contextuales recuperaban para la teología su carácter provisional. A grandes rasgos, las teologías contextuales surgieron (1) como la expresión religiosa de un lugar con una situación histórico-social-cultural concreta, (2) como teologías que se aproximaban a esa contextualidad desde una «aproximación liberadora», en particular las que inculturaron la teología de la liberación en otros lugares[20], y (3) como teologías que inculturaron la hermenéutica feminista crítica de liberación de Elizabeth Schüssler Fiorenza[21] en otros lugares.

Todas estas teologías buscaban

cambiar por completo las estructuras de alienación, explotación y exclusión. Su objetivo es transformar los saberes teóricos y teológico-religiosos y los sistemas sociopolíticos de dominación y subordinación[22].

Esto supuso un movimiento hermenéutico a muchas voces que pretendía superar las perspectivas teológicas que llevaban a la dominación, la exclusión y el empobrecimiento de las grandes minorías en el mundo. A partir

---

[20] J. Sobrino, *Jesucristo Liberador* (Madrid: Trotta, 1991); íd., *La fe en Jesucristo* (Madrid: Trotta, 1999).

[21] E. Schüssler Fiorenza, *In Memory of Her: A Feminist Theological Reconstruction of Christian Origins* (New York: Crossroad, 1983); íd., *Cristología feminista crítica* (Madrid: Trotta, 2000).

[22] Schüssler Fiorenza, *Cristología feminista crítica*, 30.

de los primeros años del siglo XXI comenzamos a llamar a estos movimientos hermenéuticos teologías poscoloniales[23], que iban complejizando en su crítica poscolonial a través del diálogo entre la teología de la liberación y la teoría poscolonial. Para ello se profundiza no solo en la teología sino en otras disciplinas de forma entretejida: la economía, el género, el racismo, la religión, la política, etc., para desentrañar los distintos niveles de relaciones injustas sostenidos por (1) el conocer (epistemología), (2) el comprender o interpretar (hermenéutica) y (3) el sentir (*aesthesis*)[24].

De esta manera da pautas para una crítica y una conversión teológica de los estudios bíblicos, de la misionología, de la cristología y de la antropología. Las teologías poscoloniales quieren, primero, desenmascarar la complicidad de la teología con las relaciones coloniales en la historia y que se mantienen en el presente. Por otro, buscan elaborar herramientas teológicas que ayudan a defenderse de la hegemonía epistemológica de una cultura dominante que somete a la gran mayoría de la población mundial en situaciones de pobreza y violencia. Finalmente, desean recuperar la dimensión liberadora de

---

[23] En 2004, Catherine Keller, Michael Nausner y Mayra Rivera publicaron *Postcolonial Theologies: Divinity and Empire*, y en 2005 Kwok Pui-lan hizo lo mismo con *Postcolonial Imagination and Feminist Theology*, dos textos fundamentales para comprender el surgimiento de las teologías poscoloniales. Cf. C. Keller, M. Nausner y M. Rivera, *Postcolonial Theologies: Divinity and Empire* (Saint Louis, MO: Chalice Press, 2004); cf. Kwok Pui-lan, *Postcolonial Imagination and Feminist Theology* (Louisville, KY: Westminster John Knox, 2005).

[24] Walter Mignolo, *Habitar la frontera: sentir y pensar la descolonialidad. Antología 1999-2014* (Barcelona: CIDOB, 2015) 23-47.

la teología al ponerla al servicio de los «colonizados» o «subalternos» y elaborarla en diálogo con ellos[25].

> La colonización es la ocupación de otros, a través de las dimensiones de tiempo y espacio, y la reducción de la identidad del colonizado por la del colonizador [...] La peor parte de la colonización es la pérdida de consciencia de estar siendo colonizado y no conocer sus raíces, o quién fue o es él o ella. La parte más grave de la colonización es perder la autoconfianza y los propios valores culturales, poniéndose a sí mismo en las manos del otro de una manera sumisa y sin criticismo[26].

Su mayor contribución es un entendimiento más colectivo de Dios, desde la experiencia local, así como un sentido social de la naturaleza del pecado. Dios es el Dios de la vida y la justicia que ama de forma preferencial a los y las pobres. En esto coinciden con la teología de la liberación. Sin embargo, muchos teólogos y teólogas poscoloniales señalan que la teología de la liberación no desafió en su momento la antropología y la cosmología patriarcal que había en la teología occidental sobre la cual está basado el cristianismo ni tampoco la estructura patriarcal que subyace en el mismo cristianismo. Insisten en descolonizar la teología en su epistemología, para que este giro decolonial abra paso una pluralidad de teologías, lo cual no quiere decir que todas ellas sean o vayan a ser teologías con centro en el giro decolonial. En realidad todas son y serán «aproximaciones» posibles y, por tanto,

---

[25] Cf. Kwok Pui-lan, *Postcolonial Imagination and Feminist Theology*.

[26] I. Gebara, «Ecofeminism: An Ethics of Life», en *Sacred Earth, Sacred Community: Jubilee, Ecology and Aboriginal Peoples* (Toronto: Canadian Ecumenical Jubilee Initiative, 2000), 37.

teologías incompletas. La contribución poscolonial se expresa en lo sinodal invitando a:

- un estudio más pormenorizado de la Biblia, aplicando las categorías de sexo, género, étnica, geografía, edad, economía, etc,. y una mejor aplicación de la actualización del texto bíblico de forma más concreta y menos abstracta en la vida de las comunidades locales. De esta manera, la Biblia deja de ser la herramienta preferida para legitimar el *statu quo* dominador y se recupera la interpretación bíblica para la teología desde las perspectivas de los subalternos/pobres/marginados.

- Una aplicación del método pastoral desde las relaciones de poder y las otras categorías mencionadas, poniendo en el centro de la teología la acción salvadora de Dios y no la justificación de las injusticias[27]. Esto supone una revisión de la acción misionera, no como colonizadora de otras culturas, sino como invitación a comunidades interculturales congregadas en torno a Jesucristo y su mesa compartida. Aquí el esfuerzo de escucha e inculturación es especialmente importante.

- En cierta medida, los procesos de sinodalidad nos han recordado que la teología fundamental está incompleta sin la teología pastoral, algo que está especialmente presente en los análisis poscoloniales de los

---

[27] Véase por ejemplo en Maricel Ibita y Marilou Ibita, «Los márgenes como fronteras: teologización poscolonial sobre la recuperación feminista sostenible después del COVID-19», en *Miradas a todo color. Teologías feministas poscoloniales en un mundo en conflicto*, ed. por S. Martínez Cano y M. Vidal Quintero (Estella: Verbo Divino, 2024), 175-208.

textos bíblicos y de la tradición[28], pues se ponen en diálogo con las problemáticas actuales que viven las comunidades cristianas de todo el mundo.

- Por último, en las teologías poscoloniales la participación del pueblo de Dios como *sensus fidei fidelium* es fundamental, pues es en la comunidad donde se hace presente Dios a través de prácticas eclesiales y políticas orientadas a la reparación de la dignidad de los subalternos. En este sentido, la conciencia colectiva de las teologías poscoloniales ha impulsado el empoderamiento del laicado, que se ve a sí mismo por fin como protagonista de la vida de la comunidad. Con ello unen compromiso cristiano y afiliación política, religiosidad popular y espiritualidad liberadora, y compromiso laical y unidad con la jerarquía[29].

3. Aportaciones de bastantes mujeres (y algunos hombres) a la sinodalidad

Estas tres grandes familias de la teología descritas son fundamentales para entender la teología hoy y los movimientos eclesiales que influyen en la sinodalidad hoy. A partir de ellas esbozaremos una serie de aportaciones más concretas, desde una mirada eclesiológica y pastoral, que aportan perspectiva a los caminos sinodales ya abiertos.

---

[28] Véase, por ejemplo. O. Sánchez, M. Mazzini y G. de Mori (eds.), *Teología práctica e interdisciplinariedad* (Bogotá: Universidad Pontificia Javeriana, 2022), 156-219; A. Parra, *Dicen, pero no hacen. Teología de la acción* (Bogotá: Universidad Pontificia Javeriana, 2021).

[29] S. Silber, «Esperanza, crisis y movimiento. La Iglesia de los laicos en América Latina», *Alternativas* 24/50 (2017) [https://bit.ly/3SCHL2i].

3.1. *Un cambio de mirada: la diversidad es riqueza.*

Con estas teologías hemos tomado conciencia de que la diversidad produce enriquecimiento en la Iglesia. El cambio de mirada sobre la diversidad eclesial y teológica no ha tenido que ver con procesos complejos de conversión (que también, gracias a la teología feminista), sino simplemente por la presencia de mujeres en lugares donde hacía mucho que no estaban. La irrupción de mujeres en lugares de decisión, en los ministerios y en las estructuras diocesanas supone diversidad de perspectivas, diversidad de formas de pensar, y un aumento de la creatividad está siendo determinante en la sinodalidad.

La mirada de las mujeres, solo por su condición de ser mujeres (sin referirnos a sus capacidades y habilidades, sino a su socialización y educación como mujeres), supone otra forma de afrontar los problemas, otra forma de detectar los detalles y los centros de interés. Las mujeres están acostumbradas a readaptarse constantemente y crear nuevas vías para la consecución de las cosas, pues esta actitud/habilidad es una reacción en un mundo que les dificulta frecuentemente crecer como personas y como profesionales. Como consecuencia de ello, sus capacidades y habilidades aportan a la Iglesia católica adaptabilidad y fortalecimiento de lo relacional, con lo que la institución afronta con más éxito una reforma real de su estructura jerárquica y desigual.

3.2. *Una contextualidad en la teología. Atentos a los «signos»*

Por otro lado, la sinodalidad se ha enraizado en la idea de que toda persona bautizada puede contribuir con sus dones a la vida de la Iglesia. Esto supone aceptar una contextualidad permanente en la actividad de la Iglesia, que obliga a un diálogo constante entre culturas, visiones y estilos de ser, y a descentrar la teología y la eclesiología de Occidente hacia el sentir teológico y eclesial de los pobres, especialmente de las mujeres. El ejercicio de descentrar la teología y la eclesiología del modelo antropológico europeo, dejando a otros ser protagonistas de nuestra Iglesia va acompañado del también ejercicio de equilibrar conscientemente las voces de distintos lugares a través del diálogo y de nuevas formas de escucha y consenso. Si el diseño organizacional de las diócesis y las conferencias episcopales no es suficiente, entonces será necesario crear otras formas de descentramiento y equilibrio en la Iglesia universal. Al mismo tiempo habrá que valorar a microescala si en las comunidades locales este descentramiento y equilibrio se está dando y en qué medida la sinodalidad se fundamenta en formas poscoloniales que aseguran la participación entre iguales.

La contextualidad en la teología y la eclesiología también desarrolla una sensibilidad mayor hacia el mundo, y esto supone un diálogo permanente con las ciencias y la cultura, que amplían la mirada y hacen percibir mejor los signos de los tiempos: los migrantes, las mujeres, los empobrecidos, la cultura de la violencia, la crisis ecológica.

3.3. *La apuesta por la corresponsabilidad: tres niveles y muchas líneas de fuga*

La corresponsabilidad, base de la sinodalidad del pontificado de Francisco, asume que el laicado, y en especial las mujeres, son un signo de los tiempos para la Iglesia. La corresponsabilidad no se sostiene con cuotas femeninas en determinados dicasterios o instituciones de la gobernanza de la Iglesia, sino en el convencimiento de que cada persona, independientemente de su sexo, tiene unas capacidades, inteligencias y formas de pensar y actuar que puede poner al servicio de sus hermanos y hermanas. Este convencimiento, impulsado por las teologías feministas y poscoloniales, nos permiten hoy asumir con naturalidad como institución la presencia de mujeres y de personas con diversidad de vocaciones que trabajan juntas y ponen su empeño en abandonar la presencia anecdótica —la cuota femenina— para configurar espacios equilibrados de participación.

La corresponsabilidad necesita todavía ser profundizada. Las tres teologías mencionadas orientan hacia distintas situaciones que se deben dar con más frecuencia en la Iglesia. La primera es el reconocimiento de la cada mujer, sin paternalismos, que permite vincular igualdad y diferencia en una comprensión caleidoscópica del ser humano que provoca en nosotros asombro y miedo, alegría y prudencia, curiosidad y cierto reparo ante la profunda singularidad de cada mujer. La segunda es el aumento de la práctica de relaciones de horizontalidad, basadas en la igualdad-diferencia. Esto supone que la aceptación de la pluralidad de subjetividades que desmitifica la idea de la «suma cero» (si las mujeres crecen, los hombres decrecen) como defiende el patriarcado. La tercera situación es aumentar la presencia de buenas prácticas centradas en la relación entre corresponsabilidad e interdependencia: seguir creando un tejido comunitario de liderazgos compartidos, en el que se convive y se comparten necesidades y transformaciones. El tejido conecta las distintas experiencias, necesidades y transformaciones.

3.4. *Una nueva visión de la fraternidad: solidaridad y cultura del cuidado*

La sinodalidad acoge las intuiciones de las voces teológicas que han reflexionado sobre cómo comprendernos como personas en una nueva relacionalidad circular y horizontal. En este sentido, las aportaciones sobre la sororidad desde clave apreciativa expanden la mirada de la comprensión de la fraternidad y orientan hacia una verdadera «hermandad» y una cultura del cuidado.

La sororidad aporta a la idea de hermandad, fundamento de la eclesiología de comunión, la importancia de la escucha, la negociación y la realización de pactos que dejan clara la diferencia entre altruismo y solidaridad, y perfilan los criterios de reciprocidad. Para ello el ejercicio de la solidaridad es central, ya que pone condiciones, defiende los espacios personales y, con ello, reelabora las identidades de las personas que negocian, reordenando sus intereses y prioridades por compasión hacia la otra, pero respetando el espacio propio. Desde la solidaridad se construye una hermandad donde todos tienen espacio comunitario. Por ello, para que exista un hermanamiento inclusivo debe haber voluntad de encuentro y una predisposición generosa a colaborar en la mitigación de las desigualdades internas de la comunidad[30]. Para pactar entre hombres y mujeres, es preciso reconocer las desigualdades de las que partimos y la gran cantidad de presiones a las que estamos sometidas[31]: jerarquías, compe-

---

[30] S. Martínez Cano, «Aportaciones de la sororidad en clave apreciativa», en *Comunión y fraternidad. Dos tareas siempre pendientes*, ed. por A. Bellella (Madrid: Publicaciones Claretianas, 2024), 233-254.

[31] A. Valcárcel, *La política de las mujeres* (Madrid: Cátedra, 1997).

tencia, rivalidad, etc. Pactar en solidaridad significa, además, afrontar las relaciones complejas entre hombres y mujeres y pactar acciones que construyan una cultura transgresora, insurrecta, que desmonta el mito de que debemos vivir en desigualdad, dentro y fuera de la comunidad cristiana.

Por otro lado, la solidaridad recrea una cultura del cuidado que contempla las alteridades y posibilita el sostén y el acuerdo, desde la horizontalidad, que permite el ser-con-otra[32]. La humanidad de las personas se pone de manifiesto en el ejercicio de cuidar y de ser cuidado[33]: se reconoce la vulnerabilidad radical que nos recorre en cuanto a condiciones, recursos y oportunidades que otros ofrecen para sobrevivir y desarrollarse plenamente. Las propuestas teológicas nombradas inciden en que la sinodalidad no puede ser solo un proceso cerebral y abstracto, sino que la Iglesia debe desarrollar una pedagogía de los cuidados que implica necesariamente un tránsito de un modelo centrado en la autosuficiencia —control y dominio— y la individualidad —competitividad y segregación— a un modelo de solidaridad y sostenimiento, que es expresión de la mesa compartida de Jesucristo.

La cultura del cuidado aporta a la comunidad cristiana criterios de convivencia propios de la hermandad del bautismo que quizá han quedado velados por otras dinámicas machistas: el respecto a la libertad de la expresión de la fe y sus diversas sensibilidades; las relaciones horizontales entre distintas vocaciones, sin privilegios ni je-

---

[32] Martínez Cano, *Aportaciones de la sororidad.*

[33] V. Vázquez. «La perspectiva de la ética del cuidado: una forma diferente de hacer educación», *Educación XXI*, 13/1 (2010) 177-197.

rarquías; la apuesta por el cuidado del otro, en el marco de relaciones igualitarias y de una búsqueda de relaciones sanas sin abusos espirituales o de conciencia; una comprensión de la comunidad como espacio común de relación y no como territorio de posesión; un reparto de tareas y responsabilidades que resignifica el concepto de economía comunitaria, etc.

3.5. *La necesidad de «parresía» en el caminar: transparencia y sanación*

La última idea del documento de la Comisión Teológica Internacional sobre la Sinodalidad en la vida y Misión de la Iglesia (2018) propone un caminar juntos en «parresia» (CTI, 120), es decir, crear un entorno de sinceridad, transparencia y sanación reciproca en la Iglesia. Todos y todas sabemos que la convivencia no es tan idílica y que, cuando se han planteado procesos de sinodalidad, surgen rápidamente las heridas y conflictos, muchos de ellos producidos por las desigualdades internas y el abuso del poder en la comunidad eclesial. La sinceridad y la reconciliación son imprescindibles para un buen proceso sinodal.

La sinodalidad debe crear procesos de sanación y reparación que favorezcan la cultura del cuidado antes mencionado. Para ello, bastantes mujeres se han movilizado para crear en los entornos eclesiales espacios de reconciliación y celebración, donde se visibilicen los conflictos y las heridas y se pueda avanzar hacia una reconciliación gozosa. El ejercicio de la parresia comienza por escuchar aquellas reivindicaciones que las mujeres que han sido heridas (recordemos la desproporción entre víctimas femeninas y victimarios masculinos) hacen a su comunidad (EG 104). La parresia invita a «decirnos todo», también lo que nos incomoda, y acogerlo como dolor del otro sin enjuiciar ni corregir. Esta escucha puede terminar en reparación y celebración, dos metodologías presentes en las teologías feministas y ecofeministas, como celebración de presencia plena del amor de Dios.

3.6. *Una mirada holística sobre la realidad: la reconexión con la Tierra.*

Por último, pero no menos importante, especialmente desde la perspectiva ecofeminista, muchas mujeres han contribuido en ampliar la mirada de la teología y de su praxis al reconectar la experiencia antropológica de la persona interconecatada con el clamor de la Tierra. Treinta años antes de surgir la expresión de «ecología integral», las teólogas feministas reflexionaron sobre la noción de «ecología profunda» (*deep ecology*)[34], que propone un estilo de vida iluminado por la gratuidad que tiene origen en Dios, Sabiduría divina, y el poder de la reciprocidad entre mujeres y hombres. La propuesta supone crear comunidades en armonía con el entorno, entendiendo que la conexión armoniosa con Dios se expresa en la creación de comunidades que viven y aman ecológicamente.

Si no sentimos el dolor por nuestro planeta y sus habitantes futuros, no podremos demostrar nuestro amor hacia ellos. Se trata de un ejercicio de compasión querido por Dios[35]. Por tanto, esta propuesta de vida y espi-

---

[34] J. Macy, *World as Lover, World as Self* (Berkeley, CA: Parallex Press, 1991).

[35] Joanna Macy ve cuatro maneras específicas en que las personas que están en un camino espiritual ven al mundo. Primera, el mundo como un

ritualidad invita a la sinodalidad de la Iglesia a desarrollar su dimensión profética y abarcante porque ayuda a las comunidades cristianas a gestionar sus relaciones con la naturaleza, a trazar nuevas formas económicas más justas y respetuosas y nuevos estilos de vida más sostenibles y decrecientes. La influencia de la teología ecofeminista aporta coherencia al mensaje de Jesús desde una mirada global y recuerda que en esta reflexión no se puede dejar fuera de la «ecología integral» la cuestión de las mujeres[36].

4. Desafíos desde la igualdad y la equidad para ¿este siglo?

En conclusión, el camino de la sinodalidad está enraizado en varias décadas de reflexión y acción de bastantes teólogas que se tomaron en serio su fe y que han querido contribuir a la santidad sacramental de la Iglesia (LG 48). Es por tanto necesario reconocer sus esfuerzos en las

---

campo de batalla, en donde el bien y el mal están en constante confrontación. Tal forma de ver es buena para despertar la valentía y dar un sentido de certeza. Es muy fuerte entre las religiones monoteístas. Segunda, el mundo como una trampa. Aquí el camino espiritual es desconectarnos y escapar de este mundo caótico. Esta postura está basada en una visión jerárquica de la realidad, en la cual la mente es vista como algo más importante que la materia y el espíritu está puesto sobre y más allá de la naturaleza. Hay un desdén por lo material y un gran énfasis en tomar distancia de la difícil tarea del cambio social. Tercera, el mundo como amante: en lugar de un escenario para nuestras batallas morales o una prisión de la cual escapar, el mundo se abraza como un compañero íntimo y gratificante. Aquí, el deseo juega un rol creativo y manifiesto. Cuando vemos al mundo como un amado, cada ser, cada fenómeno, puede ser una expresión de ese continuo impulso erótico. Finalmente, el mundo como uno mismo: una gran hambre de unión proviene de un profundo conocimiento al cual los místicos de todas las tradiciones han prestado sus voces. Cf. Macy, *World as Lover*, 15-27.

[36] G. Céspedes. *Ecofeminismo. Teología saludable para la tierra y sus habitantes* (Madrid: PPC, 2021), 186-192.

influencias y los resultados provisionales de los procesos sinodales. Por eso, practicar el plural —las mujeres— es aceptar que la diversidad humana se expresa también en las mujeres. Y añadir la diversidad en las formas de pensar y vivir de las mujeres — señalando «bastantes»— es además matizar que las mujeres toman sus propias decisiones en los procesos de sinodalidad contribuyendo a ellos o rechazándolos.

Sin caer en la trampa de simplismos reduccionistas —las mujeres— y aceptando la diversidad de la propia Iglesia —«bastantes» mujeres— cabe preguntarse cómo afecta a los hombres que «bastantes» mujeres estén aportando a la sinodalidad su buen juicio y sus intuiciones —*feminarum sensus fidei*—. Nos atrevemos a decir que esta presencia se convierte en una llamada a participar de las muchas y necesarias propuestas de la sinodalidad a través de una hermandad circular y horizontal y, a partir de un lenguaje común, el de la mesa compartida. Por tanto, las teologías y las aportaciones aquí expuestas no solo van dirigidas a las mujeres, general, sino a los hombres para que también ellos (o bastantes de ellos) se tomen en serio su fe y el camino de la sinodalidad, escuchando, acogiendo las propuestas y afrontando los conflictos internos y fraguando bellas complicidades y fructíferas amistades con bastantes mujeres que les brindan su mano en la mesa compartida de Jesucristo.

La autora

Silvia Martínez Cano (Madrid 1975) es doctora en Educación por la Universidad Complutense de Madrid, licenciada en Teología Fundamental por la Universidad de Deusto y máster en Artes visuales y Educación por la Universidad de Barcelona. Es artista multidisciplinar desde perspectiva feminista y religiosa, www.silviamartinezcano.es. Es profesora en la Universidad Complutense de Madrid, en el Instituto San Pío X y colabora con el Instituto Teológico de Vida Religiosa, ambos de la Universidad Pontificia de Salamanca. Sus áreas de investigación son interdisciplinares, siendo estas Teología trinitaria, Estética teológica, Estudios visuales y culturales, Arte y género, Arte y Educación, Eclesiología y Antropología teológica. Ha sido presidenta de la Asociación de Teólogas Españolas de 2016 a 2023. Actualmente se encuentra finalizando su segundo doctorado en Trinidad y estética teológica.

ORCID: https://orcid.org/0000-0002-6845-1209.

Contacto: silviamcano@ucm.es

Algunas de sus últimas publicaciones recientes son:

«Rethinking Theological Anthropology from the Notion of *Imago Trinitatis*. Postcolonial and Feminist Insights», *Feminist Theology Journal* 33/2 (2025) 193-210. https://doi.org/10.1177/09667350241298638

«Aportaciones al modelo de liderazgo sinodal en las comunidades locales y nucleares desde la noción de vocación y el enfoque de género», *Cuestiones Teológicas* 52/118 (2025), en proceso de publicación.

«Aportaciones de la sororidad en clave apreciativa», en *Comunión y fraternidad. Dos tareas siempre pendientes*, ed. por A. Bellella (Madrid: Publicaciones Claretianas, 2024), 233-254.

«Reconocimiento y profecía de las mujeres seglares en la Iglesia católica. Claves eclesiológicas para una sinodalidad equitativa», en VV. AA., *Caminar juntas y juntos. Soñar la Iglesia, vivir la misión* (Madrid: HOAC, 2023), 237-264.

«Reflexiones sobre la primera parte del Sínodo de la Sinodalidad, octubre 2023», *Sinite* 65/195 (2024), 27–41. https://doi.org/10.37382/sinite.v65i195.1169

«Educar el pensamiento rizomático en un mundo global acelerado: Una aproximación interdisciplinar desde la pedagogía, la filosofía, la teología y el arte», *Almogaren: revista del Centro Teológico de Las Palmas* 72 (2023), 53-75.

«Peregrinos de nosotros y nosotras mismas. Qué es el ser humano hoy», en *¿Qué cristianismo crea futuro?*, comp. por J. P. García Maestro (Estella: Verbo Divino, 2023), 39-84.

«Danzar de nuevo con Dios Trinidad. Dialogando con Nicea», *Concilium: Revista internacional de teología*, 401 (2023) 113-120.

«*Memoria Liberationis* en dos actos. Memoria y Gracia en el contexto del abuso», en *Genealogías de trauma. Cuerpos abusados, memorias reconciliadas*, ed. por M. Vidal (Estella: Verbo Divino, 2022), 119-154.

«Las mujeres en una ministerialidad sinodal. Una aproximación feminista», *Sinite* 63/190 (2022), 235–255. https://doi.org/10.37382/sinite.v63i190.638

¿Ministerios nuevos en una Iglesia sinodal? Avanzando en el reconocimiento de la ministerialidad bautismal

Carmen Peña

Facultad de Derecho Canónico
Universidad Pontificia Comillas

1. Planteamiento y enfoque del tema

El proceso sinodal iniciado por el papa Francisco —que de momento ha culminado con la celebración de la segunda sesión de la Asamblea General en octubre de 2024 y la aprobación por el Papa, como magisterio ordinario, del documento final resultante, aunque no puede entenderse concluido, pues estamos ahora en la fase de recepción e implementación del mismo— ha supuesto un revulsivo en la reflexión sobre los ministerios y sobre el papel de los bautizados —y muy particularmente de los laicos— en la vida y misión de la Iglesia.

En esta reflexión, tomaré en consideración los documentos sinodales, pero también el derecho canónico, desde la convicción de la naturaleza profundamente pastoral de este peculiar derecho, así como de su carácter instrumental —supeditado siempre a la eclesiología de

125

cada momento, que la ley eclesial «traduce» a normas, contribuyendo de ese modo a concretarla y hacerla eficaz— y dinámico, abierto siempre a ulteriores revisiones, en coherencia con el principio *Ecclesia semper reformanda*. Buena muestra de la relevancia del derecho canónico son las significativas llamadas de los documentos sinodales a una revisión de la actual regulación canónica: así, mientras que la *Relación de síntesis* (= RS) de la primera sesión de la Asamblea General del Sínodo (octubre 2023), *Una Iglesia sinodal en misión*[1], llamaba a una revisión en profundidad del Código de Derecho Canónico en clave sinodal, ya el *Documento final* (= DF), *Por una Iglesia sinodal: comunión, participación y misión*, de 26 de octubre de 2024[2], insta a una mayor aplicación del derecho vigente, pues —sin perjuicio de revisar aquellas disposiciones que no se vean adecuadas— en el actual Código, fruto directo de la eclesiología conciliar, hay muchos elementos que constituyen una base firme para una Iglesia sinodal, como la concepción de la Iglesia Pueblo de Dios y el reconocimiento del papel del laicado. Lamentablemente, lo que falta en ocasiones es intención de aplicarlos, pues la experiencia muestra cómo muchas de las vías y cauces de participación de los fieles en la vida eclesial abiertas por el Código están *aún pendientes de aplicar plenamente en las Iglesias particulares*, pese a los cuarenta años transcurridos desde su promulgación.

Quiero también destacar que en la actualidad no existe canónicamente, en el ámbito del laicado, ninguna

---

[1] https://www.synod.va/content/dam/synod/assembly/synthesis/spanish/2023.10.28-ESP-Synthesis-Report_IMP.pdf

[2] https://www.synod.va/content/dam/synod/news/2024-10-26_final-document/ESP---Documento-finale.pdf

diferencia entre varones y mujeres, por lo que las referencias que haga a «los laicos» en esta exposición deben entenderse siempre referidas a ambos sexos, salvo que se indique expresamente lo contrario.

2. Presupuestos/invitaciones

Tomo como punto de partida o presupuestos de la reflexión lo que he llamado *invitaciones*, con el fin de situarnos, en clave sinodal, en una perspectiva *dinámica*; no se trata de presupuestos rígidos, estáticos, sino de llamadas o invitaciones a seguir discerniendo cómo realizar la conversión sinodal en nuestra vida y ámbitos de actuación.

2.1. *Profundizar en la recepción del Concilio y en la Iglesia Pueblo de Dios (centralidad del bautismo)*

La sinodalidad constituye una llamada a seguir avanzando en la recepción del Concilio Vaticano II, profundizando en la rica eclesiología conciliar, con especial atención a la naturaleza sinodal de la Iglesia y su concepción como Pueblo de Dios, destacando los principios de comunión episcopal y de participación/corresponsabilidad de todos los Bautizados; de ahí la necesidad de una actitud dinámica, de escucha y participación de todo el Pueblo. Y todo ello desde una perspectiva evangelizadora, misionera, desde la conciencia de que esta es la misión fundamental de toda la Iglesia.

Por otro lado, la concepción de la Iglesia como *Pueblo de Dios en camino* lleva a una *profundización en el sujeto eclesial,* poniendo el acento en el bautismo y animando expresamente a la participación y corresponsabilidad de todos los fieles —también los laicos— en la vida y misión eclesial. Podría hablarse, en este sentido, de una *eclesiología bautismal,* basada en la común vocación y misión de todos los fieles[3].

Que el bautismo sea la fuente de la radical corresponsabilidad de todos los fieles en la vida y misión de la Iglesia no permite, sin embargo, una absolutización de la sola condición de bautizado, como han destacado los documentos sinodales, sino que obliga a interpretarlo dentro de la lógica de la iniciación cristiana y la comunión eclesial:

> el sacramento del bautismo no puede ser comprendido de modo aislado, fuera de la lógica de la iniciación cristiana, ni mucho menos de manera individualista. Es preciso, por tanto, ahondar ulteriormente en la comprensión de la sinodalidad que puede provenir de una visión más unitaria de la iniciación cristiana[4].

En cualquier caso, sin negar que el modo concreto de vivir esta pertenencia y participación eclesial pueda verse matizada por la madurez de la fe, la propia vocación o condición eclesial, etc., la referencia al bautismo como fuente radical de la ministerialidad supone un avance significativo en orden a la identificación del sujeto eclesial

---

[3] E. Bueno de la Fuente, *Eclesiología del papa Francisco. Una Iglesia bautismal y sinodal* (Burgos: Fontes, 2018), 78; S. Madrigal, *El giro eclesiológico en la recepción del Vaticano II* (Salamanca: SalTerrae 2017), 160.

[4] Relación de síntesis de la Asamblea de 2023, 3, g. En el mismo sentido, el documento final del Sínodo recuerda que «no es posible comprender plenamente el Bautismo sino dentro de la iniciación cristiana» (DF 24).

y al reconocimiento de la participación y corresponsabi-lidad de todos los fieles —no solo de alguna categoría de ellos— en la misión eclesial.

A nivel canónico, la eclesiología conciliar se refleja en muchos cánones del Código que siguen siendo de total actualidad y que pueden constituir una base sólida para avanzar en sinodalidad. Así, frente a la Iglesia fuertemen-te jerarquizada que recogía el derecho anterior, el Códi-go de 1983 parte del reconocimiento expreso de la igual-dad de los fieles, derivada del bautismo (c. 208), que hace a todos los fieles partícipes, según la propia condición, en la triple función sacerdotal, profética y real de Cristo (c. 204) y responsables de cumplir la misión última de la Iglesia. De ahí el reconocimiento, en el Código, de amplios derechos de *rango constitucional* comunes a todos los fieles, con independencia de su condición o estado de vida en la Iglesia (clerical, laical, consagrada), como son el derecho de iniciativa apostólica (c. 216) y el derecho-deber a trabajar en la evangelización (c. 211), el derecho de asociación, el derecho de fundar y dirigir asociaciones (c. 215), el derecho fundamental a vivir la propia espiri-tualidad (c. 214), el derecho a la libre elección del estado de vida (c. 219), el derecho a la buena fama y a la propia intimidad (c. 220), el derecho a recibir ayuda espiritual de los Pastores (c. 213) y formación cristiana (c. 217), el derecho a la libertad de investigación teológica y a la manifestación de sus resultados (c. 218), o el c. 212, especialmente relevante de cara a la sinodalidad, que reconoce el derecho-deber a la manifestación de la propia opinión sobre el bien de la Iglesia, tanto a los Pastores como a los demás fieles. Todos estos derechos son de aplicación directa a los laicos, como confirma el mismo Código en los cc. 224-231.

2.2. *Avanzar hacia una Iglesia toda ministerial: ministerialidad bautismal*

La renovación eclesiológica conciliar dio lugar a un progresivo desplazamiento conceptual, desde la clásica *potestas iurisdictionis* (potestad de jurisdicción) al *munus regendi* (función de gobierno) y, sobre todo, al concepto de *ministerialidad*, que refleja mejor la dimensión de servicio que tiene toda potestad o función en la Iglesia[5].

La llamada a avanzar hacia una *Iglesia toda ministerial* pone nuevamente de manifiesto la centralidad del bautismo y la implicación de todos los bautizados en la misión evangelizadora de la Iglesia, y no puede no tenerse en cuenta a la hora de profundizar en los *ministerios* o, más específicamente, en la *ministerialidad laical*. La misión específica de los laicos se desenvuelve tanto en el ámbito secular como en el seno de sus comunidades cristianas, por lo que será importante evitar dualismos que puedan afectar a la percepción de la unidad de la misión, así como también la tentación de «clericalizar» a los laicos, creando una élite pseudoclerical[6].

En este punto, debe afirmarse la *pluralidad de modos* de corresponsabilidad laical en la misión, es decir, la amplitud y diversidad que pueden adoptar los modos de participación laical. No hay un único modo de ser laico, ni puede imponerse una concreta vocación o espiritualidad laical en régimen de monopolio, pues los modos de vivir esta radical y común vocación pueden ser muy

---

[5] C. Peña, «Sinodalidad y laicado. La participación de los laicos en la vocación sinodal de la iglesia», *Ius Canonicum* 59 (2019) 731-765.

[6] Contra este peligro advierte el documento de síntesis de la Asamblea sinodal de 2023: RS 8f, j, l, m...

diversos y todos ellos en principio legítimos[7]. La diversidad de carismas y de espiritualidades (c. 214) es de aplicación también en el ámbito laical. La riqueza y pluralidad de la vida eclesial permitirá a cada uno realizar su radical vocación evangelizadora —su contribución a la misión de la Iglesia— en el concreto ámbito en que se vea llamado (por sus circunstancias vitales, aptitudes personales, formación, carisma...).

Ciertamente, los laicos tenemos una llamada específica al compromiso en la secularidad (*perfeccionar el orden temporal con el espíritu evangélico*: c. 225,2*)*, por lo que estamos llamados a hacernos presentes, desde criterios evangélicos, en la vida laboral, cultural, profesional, social, deportiva, vecinal, científica, universitaria, asistencial..., reconociéndosenos a su vez *la libertad de actuación en los asuntos terrenos*, la *autonomía* en estas cuestiones (c. 227). Esta autonomía y esta secularidad no exime a los laicos del *derecho-deber a la evangelización y al apostolado* (cc. 211 y 216*)*, que pueden desempeñar tanto individual como asociadamente[8]. Al contrario, como recuerda el c. 225,1, la vocación misionera y apostólica de los laicos es tanto más apremiante cuanto en muchas circunstancias «solo a través de ellos pueden los hombres oír el Evangelio y conocer a Jesucristo». Los laicos, en nuestras circunstancias

[7] C. Peña, «Proyecciones y cambios canónicos de cara a una efectiva participación del laicado en la vida eclesial», en *El laicado en una Iglesia sinodal. Corresponsabilidad, participación y misión*, dir. por César Kuzma (Madrid: San Pablo, 2024), 185-214.

[8] El c. 215 afirma con toda amplitud el derecho de los fieles «a fundar y dirigir libremente asociaciones para fines de caridad o piedad, o para fomentar la vocación cristiana en el mundo; y también a reunirse para procurar en común esos mismos fines». Se reconoce de este modo el principio asociativo y la diversidad de carismas y dones que el Espíritu suscita en la Iglesia.

ordinarias (en nuestro trabajo, ocio, comunidad de vecinos, asociaciones vecinales o ciudadanas, compromiso social...) desarrollamos nuestra vida en lo que, usando una expresión del Papa, podríamos llamar las *periferias* de la increencia, la desesperanza, los problemas económicos o laborales, las angustias por el futuro... tantas situaciones sociales y existenciales donde los laicos, las familias, las asociaciones y movimientos laicales, pueden dar testimonio de fe y esperanza y prestar una ayuda solidaria.

Pero esta actuación *ad extra*, esta dimensión *secular* del laico, su actuación evangelizadora y misionera *en la sociedad*, no impide el reconocimiento de la importancia de la participación y corresponsabilidad laical también *ad intra* de la misma Iglesia, como *miembro de pleno derecho* de la comunidad eclesial. De hecho, esta participación tiene también muchos cauces de realización recogidos en el derecho, sin que la asunción de estas responsabilidades eclesiales desvirtúe el carácter laical ni «clericalice» a los laicos. *La misión y la participación en la comunidad no es algo propio de los clérigos, sino de todo fiel.* Lejos de todo dualismo disgregador, hay que afirmar que, por el bautismo, todos los fieles participamos del triple *munus* de Cristo (c. 204), y cooperamos con la Jerarquía en el ejercicio de las funciones profética, sacerdotal y real. Así se plasma en el c. 228,1, que reconoce la *capacidad* para ser llamados por los Pastores a desempeñar *encargos* eclesiales y ocupar *oficios* eclesiásticos; y también en el c. 230, que regula los *ministerios laicales* de lector y acólito.

2.3. *Avanzar hacia una Iglesia estructuralmente sinodal*

La profundización en la eclesiología conciliar desde la clave sinodal llevará necesariamente a la revisión normativa de algunas instituciones[9]. La sinodalidad no es solo un *estilo*, ni se agota ni se identifica totalmente con la celebración de los sínodos. La invitación es a vivir la sinodalidad más allá del evento de los sínodos, realizándola en la vida cotidiana de la Iglesia, de modo que impregne toda su actuación, siempre con vistas al fin último: la misión. Es una llamada, como recordó Francisco en su discurso de inauguración del actual Sínodo, el 9 de octubre de 2021[10], a seguir avanzando hacia la consecución de una Iglesia *estructuralmente* sinodal, en la que la sinodalidad no aparezca como algo ocasional, sino que todas las estructuras, modos de actuar y procesos reflejen esta naturaleza sinodal.

La implantación de una Iglesia estructuralmente sinodal exigirá tomar en consideración la actual regulación canónica, que abre ya numerosos cauces de participación de todo el Pueblo de Dios en la misión de la Iglesia, aunque se trata de posibilidades muchas veces desconocidas, o bien insuficiente o deficientemente aplicadas en muchas Iglesias locales.

3. Avances en el reconocimiento de la «ministerialidad» bautismal

El reconocimiento de la corresponsabilidad de todos los bautizados en la misión de la Iglesia permitirá ir avan-

---

[9] Entre otros, A. Borras, «¿Qué hay que cambiar en el derecho canónico para una auténtica sinodalidad?», en *Sinodalidad y reforma. Un desafío eclesial*, coord. por R. Luciani, S. Noceti y S. Schickendantz (Madrid: PPC, 2022), 137-162; C. Fantappiè, *Per un cambio di paradigma. Diritto canonico, teologia e riformi della Chiesa* (Bolonia: EDB, 2019); C. Peña, *Reforma sinodal y derecho canónico: potencialidad del Código y sugerencias de revisión* (Colección Cuadernillos de Sinodalidad; Buenos Aires: Publicaciones Claretianas, 2025) [en prensa].

[10] https://www.vatican.va/content/francesco/es/speeches/2021/october/documents/20211009-apertura-camminosinodale.html

zando hacia «una Iglesia toda ministerial», observándose en los últimos tiempos una evolución en la reflexión y regulación relativa a los ministerios en la Iglesia.

3.1. *Mejoría en la configuración de los ministerios laicales a nivel universal*

Un hito importante en este camino es el reconocimiento eclesial de los «ministerios laicales» ya con Pablo VI en *Ministeria quaedam* y su posterior traducción canónica en el c. 230 del Código de 1983, abriendo de este modo a un protagonismo laical también en el ámbito ministerial.

No obstante, en ambos casos se incluyó una muy discutida reserva al varón del ministerio instituido estable de lector y acólito, arguyendo la «venerable tradición» al respecto, derivada precisamente de su anterior consideración de órdenes menores. Se trataba de una reserva injustificada, pues los párrafos 2.º y 3.º de dicho canon reconocían con toda amplitud a las mujeres la posibilidad de desempeñar todas las funciones de estos ministerios, bien por encargo temporal o en funciones de suplencia. Finalmente, en 2021, Francisco superó esta discriminación injustificada, abriendo estos ministerios instituidos tanto a varones como a mujeres, en el *motu proprio Spiritus Domini*, de 10 de enero de 2021[11].

---

[11] Sobre la trascendencia de esta reforma, C. Peña, «Se elimina la única discriminación entre mujeres y varones laicos en el Código de Derecho Canónico», *Religión Digital*, sección Opinión, 12 de enero de 2021, https://www.religiondigital.org/opinion/Carmen-Pena-Codigo-Derecho-Canonico-discriminacion-hombres-mujeres-acolitado-lectorado-comillas_0_2304369566.html; M. P. Río García, «Ministerialidad de la Iglesia y ministerialidad de la mujer en el marco eclesiológico de *Spiritus Domini*», *Phase* 62 (2022) 29-48.

Asimismo, en mayo de 2021, por medio del *motu proprio Antiquum ministerium*, ha constituido también el *ministerio laical de catequista*[12], reconociendo y revalorizando la contribución de los laicos a la función de enseñar de la Iglesia a través de la *catequesis*.

3.2. *Protagonismo de las Iglesias particulares en el discernimiento de las necesidades*

Sin negar la importancia de los procesos de discernimiento a nivel universal, la naturaleza sinodal de la Iglesia exige no dejar de lado la diversidad de contextos culturales, problemas pastorales, tradiciones eclesiales e incluso las diferencias organizativas y económicas entre las Iglesias que se encarnan en diversos territorios y continentes.

A nivel local, en las Iglesias particulares, hay un amplio campo de creación y de aplicación del derecho que abre interesantes posibilidades a la articulación de comunidades eclesiales más sinodales. Derecho canónico no es solo el Código o la legislación universal, emanada del Romano Pontífice, sino también el *derecho particular* emanado del Obispo o las Conferencias Episcopales.

Se trata de un ámbito donde la creatividad e iniciativa de las Iglesias locales, detectando sus necesidades específicas, es fundamental: además de los ministerios laicales de lector, acólito y catequista, reconocidos a nivel universal, en las Iglesias particulares cabría reconocer, en su caso, otros carismas o ministerios que aparezcan como

---

[12] Francisco, *motu proprio Antiquum ministerium*, 10 de mayo de 2021. Véase un comentario a este ministerio laical en la revista *Phase* 364 (abril-junio 2022), dedicado monográficamente al tema.

necesarios o convenientes para la comunidad eclesial y para el mejor cumplimiento de sus fines evangelizadores. Así se ha puesto de manifiesto en los documentos sinodales, que incluyen algunas sugerencias concretas en este campo.

3.3. *Aportaciones y sugerencias del Documento final del Sínodo (matrimonios, caridad, counseling...)*

Una primera sugerencia sinodal es la posibilidad de reconocer el *ministerio de matrimonios cristianos en la formación y acompañamiento de novios y matrimonios*, que el Documento fundamenta en la «misión particular» de los esposos cristianos, que «concierne al mismo tiempo a la vida de familia, a la edificación de la Iglesia y al compromiso en la sociedad» (DF, 64).

En esta línea, el Sínodo de la Familia de los años 2014-2015 y la Exhortación Apostólica *Amoris Laetitia* destacaron el papel de la familia como Iglesia doméstica, como primer ámbito de evangelización y educación de los hijos, y también el papel de las familias como sujetos de evangelización de otras familias. En el ámbito de la pastoral familiar hay un amplio campo de corresponsabilidad de los laicos y las familias en la formación y preparación para el matrimonio y la vida familiar, como apuntan los nuevos *Itinerarios catecumenales para la vida matrimonial*, del Dicasterio de Laicos, Familia y Vida[13],

---

[13] DLFV, *Itinerari Catecumenali per la vita matrimoniale a cura del Dicastero per i Laici, la Famiglia e la Vita, 15.06.2022:* https://press.vatican.va/content/salastampa/it/bollettino/pubblico/2022/06/15/0459/00940.html.

así como también en la acogida y acompañamiento a personas divorciadas[14], o en su implicación —en ocasiones, incluso profesional— en la ayuda de matrimonios en crisis o familias en conflicto.

También apunta el Sínodo a la posibilidad de discernir otros posibles ministerios, como:

– El ministerio de la *escucha y el acompañamiento*, animándose al discernimiento en contextos locales, sobre todo en orden a valorar su concreto contenido y su relación con otras figuras como el acompañamiento espiritual o el *counseling* pastoral (DF, 78). Se configure o no como ministerio específico, es clara la importancia de la escucha, acogida, acompañamiento o dirección espiritual, que si bien no exigen el orden sagrado, sí requieren determinadas cualidades personales y una adecuada formación.

– El ministerio de la *caridad* (DF, 76); se trata de un ministerio central en la vida de la Iglesia y en la misma concepción de la *diakonia* y que, entendido en un sentido amplio, que englobe la acción social y la transformación de las estructuras sociales y económicas injustas (a través de la actividad de Cáritas o de otras organizaciones y asociaciones católicas), es coherente con la misión del laicado de transformar el mundo con espíritu evangélico.

---

[14] R. Román Sánchez, «Condición canónica, proceso y discernimiento de los fieles divorciados vueltos a casar, a partir de Amoris Laetitia», *Familia: Revista de ciencias y orientación familiar*, n.º extra 61 (2023) 155-182; A. Spadaro (ed.), *La famiglia, ospedale da campo. Dibattito biblico, teologico e pastorale sul matrimonio nei contributi degli scrittori de La Civiltà Cattolica* (Brescia: Queriniana, 2015); G. Uríbarri (ed.), *La familia a la luz de la misericordia* (Santander: Sal Terrae, 2015).

– O la dirección de la oración comunitaria (DF, 76).

Asimismo, alude el Sínodo a potenciar aquellas vías de colaboración de los laicos —como ministros extraordinarios— en la *administración de sacramentos y sacramentales*, conforme a la vigente regulación canónica (DF, 76). En efecto, el derecho canónico reconoce también a los laicos un margen destacado de participación en la función de santificar (*munus santificandi*) de la Iglesia (c. 835).

Así, en *funciones de suplencia* por defecto de ministro sagrado, el Código permite, con diversos requisitos, que los laicos administren todos los sacramentos salvo los que requieren de suyo el orden sacerdotal. Conforme a esto, en no pocas iglesias particulares existen laicos que asisten como testigos cualificados a la celebración de matrimonios (c. 1112), administran el bautismo (c. 861,2), presiden las celebraciones de la Palabra y las exequias y ritos funerarios, etc.

Aun cuando no falte sacerdote, juegan un papel destacado en estas funciones sacramentales y litúrgicas los *ministerios laicales del lectorado* —que, además de sus funciones litúrgicas, tienen importantes funciones catequéticas y misioneras— y *del acolitado*, quienes, además de ayudar al sacerdote y el diácono en el servicio del altar, son, por derecho, *ministros extraordinarios de la comunión* (c. 910) y de la *exposición y reserva del sacramento* (c. 943), pudiendo prestar un gran servicio a la vida parroquial. Y también pueden, tanto los acólitos instituidos como *otros laicos designados ministros de la comunión por el párroco* (c. 911,2 y 230,3), contribuir al desarrollo no solo de las celebraciones litúrgicas, sino también de la *pastoral de la salud*, llevando la Eucaristía a los enfermos, etc.

Abriendo más el foco, es indudable la relevancia de la participación laical en la buena marcha no solo de las celebraciones litúrgicas, sino, más ampliamente, de la *vida parroquial* en toda su extensión. La parroquia no concierne únicamente al párroco, ni es solo una estructura administrativa de la diócesis; la parroquia, célula básica de la diócesis, es una *comunidad de fieles*, que permanece en un determinado territorio, más allá de los cambios de párroco[15]. Cuántos laicos —en su mayoría, mujeres— sostienen y hacen posible el culto parroquial, además de su destacada contribución a la catequesis, a la actividad caritativa y social, a la pastoral en un sentido amplio, etc.

Esta corresponsabilidad de los laicos en la vida parroquial es aún más evidente en las llamadas *unidades pastorales*[16], estructuras surgidas, en su origen, para dar respuesta a la escasez de sacerdotes, pero que, vividas en clave sinodal, pueden ser cauce de unificación y coordinación de la acción pastoral y, precisamente por la menor presencia del sacerdote, dan pie a un mayor protagonismo de los laicos y de la entera comunidad, realizando la corresponsabilidad de los fieles laicos en la vida parroquial y en la misión eclesial[17]. Asimismo, prevé el c. 517,2, la posibilidad de que el Obispo, en caso de escasez de sa-

[15] J. San José Prisco, *Manual para párrocos. Derecho canónico y acción pastoral* (Madrid: Sígueme, 2024).

[16] Las unidades pastorales, reguladas por el directorio *Apostolorum successores*, engloban diversas situaciones ya previstas en el Código: sacerdotes que rigen solidariamente una o varias parroquias (c. 517 § 1); la encomienda de varias parroquias cercanas a un solo párroco (c. 526 § 1); designar un vicario parroquial para un específico ministerio en diversas parroquias (c. 545 § 2), etc.

[17] A. Borras, «Unidades pastorales y pastoral de conjunto: la participación de los fieles junto con los pastores en la actividad evangelizadora», *Revista Española de Derecho Canónico* 66 (2009) 645-666.

cerdotes, encomiende el *ejercicio de la cura pastoral de la parroquia* a un laico, a una comunidad o a un diácono, siendo significativo que el Código no otorgue preferencia al diácono sobre el laico.

3.4. *Otros posibles ámbitos de ejercicio de la ministerialidad bautismal*

A mi juicio, junto con los señalados por el documento sinodal, habría también otros ámbitos y funciones donde, en clave sinodal, la participación ministerial de los fieles laicos podría fomentarse más activamente, sin necesidad de que exista un déficit de sacerdotes. Muchos de ellos están ya reconocidos en el derecho canónico, si bien cabe hacer algunas observaciones respecto a su concreta regulación.

Así ocurre, por ejemplo, con la intervención de los laicos —y muy especialmente, las mujeres— en los *programas formativos de los seminarios y en la docencia en facultades eclesiásticas*, tratándose este de un campo fundamental para evitar el peligro de clericalismo. El Código permite con toda amplitud a los laicos —varones y mujeres— estudiar todos los grados académicos en disciplinas teológicas y canónicas, y ser nombrados profesores de dichas disciplinas en facultades eclesiásticas (c. 229), pero todavía se observa en algunos ámbitos reticencias a designar a laicos para esta función.

Tampoco hay ninguna norma que prohíba a los laicos la docencia en los seminarios (cc. 229,3 y 253) y, de hecho, la *Ratio Fundamentalis Institutionis Sacerdotalis* recomienda incrementar la presencia laical y específicamente femenina entre el profesorado, aunque sin llegar a ser mayoritaria en el claustro (*Ratio,* 143, 151). Sin embargo, en este campo de la formación de los seminaristas las reticencias a la aplicación de estas posibilidades abiertas por el derecho suelen ser aún mayores, por lo que resulta apropiada la propuesta de la Asamblea sinodal de garantizar

> un acceso más amplio de laicos y laicas a los puestos de responsabilidad en las diócesis y las instituciones eclesiásticas, incluidos los seminarios, los institutos y las facultades de Teología» (DF, 77b),

animando a incrementar la presencia femenina y la formación en sinodalidad en la preparación de los seminaristas, sin excluir, en su caso, la revisión de la *Ratio sacerdotalis* (DF, 148).

También en este ámbito del *munus docendi* cabe cuestionarse algunas limitaciones existentes a la participación laical en el *ministerio de la Palabra*, que sigue apareciendo en buena medida como subordinado a la ausencia de sacerdotes; especialmente necesitado de revisión estaría, a mi juicio, la reserva de la *homilía* durante la celebración de la Misa a los ordenados, incluido el diácono, pese a su carácter no sacerdotal (c. 767,1), mientras se excluye a laicos formados de la posibilidad de desempeñar este servicio.

También sería relevante una mayor participación laical en la *administración de justicia eclesial*, que es y debe ser una justicia *profundamente pastoral*. El derecho actual permite a los laicos desempeñar todos los oficios del tribunal eclesiástico (juez, promotor de justicia y defensor del vínculo, canciller, abogados...), excepto el de vicario judicial, siendo especialmente significativa la admisión de *laicos como jueces eclesiásticos*, en cuanto que estos ejercen *verdadera jurisdicción*, idéntica a la de los jueces clérigos. De hecho, desde 2015, tras la reforma de los procesos introducida por Francisco en el *motu proprio Mitis Iudex Dominus Iesus,* los obispos pueden nombrar libremente, para las causas de nulidad matrimonial, hasta dos jueces laicos —varones o mujeres— en un tribunal colegiado de tres jueces[18]. Se trata de una disposición que, dada la capacidad y la aptitud de los canonistas laicos, puede contribuir de modo relevante a facilitar la constitución y el buen funcionamiento de los tribunales eclesiásticos, tan importantes en la *pastoral de las personas divorciadas*[19]. La contribución de laicos con formación adecuada, con profundo sentido pastoral y también con profesionalidad, ayudará al Obispo a dar, en un tiempo razonable, una respuesta autoritativa a su difícil situación personal y eclesial, como puso de manifiesto el Sínodo de la Familia, por lo que no se entienden las reticencias que aún se observan en algunas iglesias particulares al nombramiento de laicos como jueces, que en ocasiones revelan cierto clericalismo.

Otro campo en que convendría fomentar la participación laical —y evitar el riesgo de clericalismo— es el de la *prevención y respuesta a los abusos sexuales cometidos por clérigos.* Aunque no sin limitaciones, el derecho ca-

---

[18] El c. 1421,2 exigía una situación de necesidad, permiso previo de la Conferencia Episcopal y la participación de solo un juez laico en un tribunal colegiado de tres jueces, lo que dificultaba el nombramiento de laicos como jueces eclesiásticos.

[19] Sobre el sentido pastoral de los tribunales eclesiásticos y de los procesos de nulidad matrimonial, entre otros, Manuel J. Arroba Conde y Claudia Izzi. *Pastorale giudiziaria e prassi processuale nelle cause di nullità del matrimonio,* San Paolo, Milán 2017; Carmen Peña, *Dimensión pastoral de los procesos canónicos de nulidad matrimonial: el tribunal eclesiástico tras Mitis Iudex,* en Carmen Peña (Dir.), *Derecho canónico y Pastoral. Concreciones y retos pendientes,* Ed. Dykinson, Madrid 2021, 173-195; etc.

nónico universal va permitiendo progresivamente una creciente participación de laicos, varones y mujeres, en la investigación y en los procesos canónicos —administrativos o judiciales— de los delitos penales cometidos por clérigos. Estos procesos, tradicionalmente reservados a sacerdotes, ha ido abriéndose, desde el *motu proprio Vos estis lux mundi,* a la participación de laicos: así, los laicos pueden ser delegados por el Obispo para la investigación previa de las denuncias, así como, una vez abierto el proceso penal, desempeñar los oficios de abogados y de asesores del juez, Obispo o Superior; también se prevé con amplitud la posibilidad de dispensa para ser nombrados en los restantes oficios.

Pese a valorar los progresivos avances, se trata de un campo en que se hace necesaria una reforma de la legislación vigente, que todavía denota cierto clericalismo, pues, salvo dispensa, los laicos no podrán ser designados juez, promotor de justicia, notario o canciller en los procesos penales judiciales, ni como delegado, promotor de justicia y notario en los procedimientos extrajudiciales[20]. Desde una perspectiva sinodal, sería conveniente suprimir dichas limitaciones, dejando que sea la autoridad eclesiástica correspondiente quien nombre para esos cargos a aquellas personas —clérigos o laicos— más idóneas por su cualificación jurídica, sus cualidades humanas y su disponibilidad.

En efecto, la experiencia muestra que la colaboración en estos procedimientos de laicos preparados —especialmente mujeres— constituye un servicio importante para

---

[20] *Normas* 2021, art.13 (proceso judicial) y art. 20 (procedimiento extrajudicial).

la Iglesia, habida cuenta del incremento de casos a investigar y juzgar en los últimos años, la escasez o sobrecarga de trabajo de los sacerdotes capacitados para esta tarea, así como la conveniencia, de cara a las víctimas, de que quien realice esta investigación no sea un compañero del acusado[21]. De ahí que la Asamblea sinodal haya solicitado «el aumento del número de laicos y laicas cualificados que se desempeñen como jueces en los procesos canónicos» (DF, 77d).

En cualquier caso, en espera de esta posible reforma legislativa universal, existe un amplio margen, a nivel de iglesias particulares, de designar laicos —y mujeres— al frente de las oficinas para la recepción e investigación de denuncias contra sacerdotes, así como para nombrar laicos en estos procesos previa solicitud de dispensa al Dicasterio, contribuyendo de este modo a normalizar esta participación. Y, más ampliamente, además de estos cargos u oficios, cabría plantearse la conveniencia de reconocer un específico *ministerio de acompañamiento a las víctimas de abusos*, ministerio que requeriría unas dotes personales y una formación especial, adaptada a ese delicado papel.

4. ¿Ministerios instituidos, ministerios laicales o ministerialidad bautismal?

De la reflexión sinodal se deduce, a mi juicio, la necesidad —más allá del posible reconocimiento de nuevos ministerios laicales instituidos— de un replanteamiento en profundidad de la ministerialidad laical, que supere la

---

[21] C. Peña, «La mujer en la Iglesia Católica: situación canónica actual y perspectivas abiertas por la sinodalidad», *Ius Canonicum* 63 (2023) 621-662.

concepción de estos ministerios laicales como extraordinarios o como subsidiarios del ministerio ordenado y que favorezca el reconocimiento de la diversidad de dones y carismas en el Pueblo de Dios, evitando el clericalismo en la concepción y funcionamiento de la Iglesia.

En este replanteamiento de los ministerios, debe tenerse en cuenta, como aclara el Documento final del Sínodo, que «no todos los carismas deben configurarse como ministerios, ni todos los bautizados deben ser ministros, ni todos los ministerios deben ser instituidos» (DF, 66), correspondiendo este discernimiento a las iglesias locales.

Como recuerda acertadamente el documento sinodal, el reconocimiento de un carisma como *ministerio* supone su carácter estable al servicio de la misión y su reconocimiento público por parte de la comunidad y la autoridad jerárquica. Este reconocimiento público supone que el fiel actúa *en nombre de la Iglesia*, no a título privado.

Entre estos ministerios, cabe distinguir:

— los ministerios *instituidos,* que «son conferidos por el obispo, una vez en la vida, con un rito específico, tras un discernimiento apropiado y una formación adecuada de los candidatos», y constituyen propiamente «un sacramental que configura a la persona y define su modo de participar en la vida y misión de la Iglesia» (DF, 75);

— otros ministerios ejercidos pública y establemente por *mandato* de la autoridad, pero *no instituidos ritualmente* (DF 76).

Junto con los ministerios propiamente dichos, habrá muchos otros *servicios* puntuales o espontáneos de los fieles, que descansan también en su compromiso bautismal, pero que no requieren condiciones especiales ni un reconocimiento explícito y estable (DF, 76). Será a las iglesias locales a quien corresponda discernir, a la luz de las necesidades pastorales, qué carismas conviene que adopten la forma ministerial, instituida o no (DF, 66).

A la hora de desarrollar estas invitaciones sinodales, conviene tener en cuenta que, conceptualmente, todos los ministerios son *servicios*, término genérico que engloba a toda actividad eclesial; pero, en sentido técnico, el ministerio tiene una estabilidad y un expreso reconocimiento eclesial que lo distingue de los servicios puntuales.

En cuanto a la distinción entre ministerios laicales instituidos y no instituidos, la diferencia fundamental está en el modo en que son otorgados, viniendo los primeros conferidos, con carácter indefinido, a través de un *rito litúrgico*, mientras que los segundos son funciones (*munus*) o encargos conferidos de modo estable —temporal o indefinido— por un *acto jurídico* consistente en un mandato estable por parte de la autoridad, concretado en la concesión de la *missio canonica,* en la provisión de un *oficio eclesiástico* en sentido estricto, etc.[22]

---

[22] G. Ghirlanda, «Si possono pensare nuovi ministeri istituiti da conferire ai laici?», *Periodica de re canonica* 105 (2016) 509-574. El P. Ghirlanda, S. J., apunta la posibilidad de reconocer nuevos ministerios laicales relativos al *munus* profético (además del lectorado, el ministerio de la predicación, el de catequista y el ministerio de los padres como catequistas de sus hijos); respecto al *munus santificandi*, además del acolitado y el ministro extraordinario de la comunión, alude al ministerio de animador de la oración de los fieles, de acogida, de salmista, cantor, comentador —que prepara breve moniciones a los sucesivos momentos litúrgicos, facilitando su comprensión a los fieles— o sacristán, así como el ministerio de animador de la comunidad cristiana en caso de ausencia de sacerdote. También reconoce la posibilidad de reconocer ministerios que se desplegarían más en el ámbito de la sociedad civil, como el ministerio de la caridad o la acción social, o la gestión de los bienes temporales.

Como se ha indicado, será fundamentalmente en el ámbito de las iglesias locales donde deba discernirse, a la luz de las necesidades pastorales, los concretos ministerios que convenga reconocer y su regulación. A mi juicio, sin embargo, sin excluir este discernimiento local, pegado al terreno, sería conveniente no multiplicar exageradamente el número de ministerios, reconociendo como tal cada servicio o función eclesial, sino fomentar y vivir con naturalidad la ministerialidad laical, *normalizando la participación responsable y activa de los laicos* en la vida y misión de la Iglesia, sin distinciones exageradas de ámbitos, es decir, tanto *ad extra*, ya que «la misión implica a todos los bautizados», siendo tarea de los laicos «impregnar y transformar las realidades temporales con el espíritu del Evangelio» (DF, 66), como *ad intra*, en la vida de la comunidad, en cuanto fieles de pleno derecho.

Se trata, en definitiva, de revalorizar no tanto el laicado cuanto el bautismo, superando la dualidad Iglesia-mundo que subyace en algunas concepciones del laicado que, al hacer derivar la identidad eclesial del laico de su *ser en el mundo* (a diferencia de los clérigos, que se definirían por su *ser en la Iglesia,* lo que les confiere un plus de representatividad y responsabilidad eclesial), privaría a los laicos de su legítimo papel en la Iglesia, derivado del bautismo[23].

Efectivamente, sin negar el avance que, en una Iglesia jerarquizada y clericalizante, supuso el reconocimiento de los *ministerios laicales instituidos*, a mi juicio, el momento actual —y la profunda evolución sufrida en la comunidad eclesial y en el mismo derecho canónico a lo

[23] B. Andrade, «El papel eclesial de los laicos. Retos no resueltos», *Proyección: Teología y mundo actual* 212 (2004) 19-33.

largo de estas seis décadas transcurridas desde el Concilio— exige dar un paso más en la concepción de los ministerios, superando el *dualismo clerical/laical* que sigue subyaciendo en la denominación «ministerios laicales» y poniendo de manifiesto el fundamento bautismal de la ministerialidad de todos los fieles. De este modo, se pone el acento en la unidad, en lo que unifica y hermana a todos los fieles, en vez de en la distinción entre diversas categorías de bautizados[24].

De hecho, los llamados «ministerios laicales» no son de suyo *ministerios específicos de los laicos*, sino susceptibles de ser desarrollados —bien como ministerios o como funciones— tanto por clérigos como por laicos. Se trata de funciones, carismas, servicios o, en su caso, ministerios que ponen de manifiesto precisamente la radical capacidad de todos los bautizados para participar y ser corresponsables en la misión eclesial, contribuyendo a la misma cada uno según su vocación, capacidades, formación, carisma, etc. Parece más ajustado, por tanto, hablar de *ministerios bautismales* que de ministerios *laicales*.

---

[24] En este sentido, el papa Francisco recordaba, en un discurso a los participantes en un congreso organizado por el Dicasterio para los Laicos, la Familia y la Vida, de 18 de febrero de 2023, la importancia de «recuperar una "eclesiología integral", como en los primeros siglos, en la que todo estaba unificado por la pertenencia a Cristo y la comunión sobrenatural con Él y con los hermanos, superando una visión sociológica que distingue clases y rangos sociales y que, en el fondo, se basa en el "poder" asignado a cada categoría. El acento se pone en la unidad y no en la separación, en la distinción. El laico, más que como "no clérigo" o "no religioso", se considera como bautizado, como miembro del Pueblo santo de Dios, que es el sacramento que abre todas las puertas. En el Nuevo Testamento no aparece la palabra "laico"; más bien se habla de "creyentes", de "discípulos", de "hermanos", de los "santos"; términos aplicados a todos, fieles laicos y ministros ordenados, el Pueblo de Dios en camino» (https://www.vatican.va/content/francesco/es/speeches/2023/february/documents/20230218-convegno.html).

Por otro lado, frente a la categorización de *extraordinarios* de algunos ministerios, es importante insistir en que la actuación de los laicos en la Iglesia no viene justificada por criterios utilitaristas, ni es un mal menor o una solución indeseada ante la escasez de clérigos. La plena participación laical en la vida y misión eclesial, con el único límite de aquellos oficios *capitales* reservados al ministerio episcopal o de aquellos sacramentos que exigen la intervención de ministro ordenado, refleja la riqueza y diversidad del Pueblo de Dios, y responde al derecho/deber de todos los fieles de contribuir, conforme a sus propias dotes, formación y competencia, al cumplimiento de la misión evangelizadora de la Iglesia, en toda su amplitud. Desde esta perspectiva, la cuestión no debiera ser por qué encomendar a laicos ministerios, encargos, responsabilidades eclesiales u oficios eclesiásticos, sino si hay razones serias que aconsejen reservar algún oficio o responsabilidad a clérigos; es la exclusión o prohibición lo que requiere justificación, no al revés[25].

En definitiva, la reflexión sobre la *ministerialidad* —*bautismal* o *laical*— no puede limitarse a los concretos ministerios laicales instituidos, sino que exige reconocer el origen bautismal de la corresponsabilidad eclesial y la riqueza de la diversidad de dones y carismas en el Pueblo de Dios[26]. Más allá de la conveniencia —que deberá ser

---

[25] C. Peña, «Sinodalidad y laicado. La participación de los laicos en la vocación sinodal de la iglesia», *Ius Canonicum* 59 (2019) 731-765; I. Zuanazzi, «La condizione della donna nella Chiesa cattolica: il paradigma della reciprocità nell'equivalenza e nella differenza», *Quaderni di diritto e politica ecclesiastica* 26 (2018) 25-50.

[26] C. Fantappié, *Metamorfosi della sinodalità. Dal Vaticano II a papa Francesco* (Venezia: Marcianum Press, 2022); I Zuanazzi, *La corresponsabilità dei fedeli laici nel governo della Chiesa*, en *Il governo nel servizio della*

discernida a nivel de iglesias particulares— de conferir en su caso el reconocimiento, como un *nuevo ministerio*, de algún servicio, función o actividad eclesial, me parece fundamental la vivencia consciente de la ministerialidad bautismal, promoviendo la participación responsable y activa de los laicos en la misión eclesial[27].

Desde esta perspectiva bautismal, se evita el peligro de *clericalizar* al laicado, pues la participación laical en la vida de la Iglesia no cambia la naturaleza del laico ni nace de un ansia de emular al ministerio ordenado, sino de tomar conciencia de nuestra responsabilidad propia (nuestro estatuto jurídico-canónico) en cuanto bautizados, en clave de comunión y sinodalidad. En esta perspectiva, sería importante para todos (clérigos, laicos, consagrados...) tomar consciencia —no solo a nivel intelectual, sino también afectivo, vital— de las implicaciones de nuestra condición bautismal; de ahí las llamadas a celebrar el día de nuestro bautismo, al igual que celebramos nuestro nacimiento, los aniversarios de matrimonio, ordenación o profesión religiosa, etc.

5. Abriendo vías de participación y corresponsabilidad bautismal

A raíz de lo expuesto, podríamos concluir nuestra exposición con algunas invitaciones o sugerencias para una mejor vivencia de la ministerialidad bautismal:

comunione ecclesiale, ed. por Gruppo italiano Docenti di Diritto Canonico (Milán: Glossa, 2017), 132-144.

[27] C. Peña, *Ministerialidad laical en una Iglesia sinodal*, en *En camino hacia una Iglesia sinodal De Pablo VI a Francisco,* cord. por R. Luciani y M. T. Compte (Madrid: PPC – Fundación Pablo VI, 2020), 305-326.

a) Frente al clericalismo de algunas praxis eclesiales, el derecho canónico permite —ya desde hace cuatro décadas— abundantes cauces de participación responsable de los laicos, varones y mujeres, en la vida eclesial, que alcanzan incluso a funciones tradicionalmente reservadas a los clérigos, como el ejercicio de oficios eclesiásticos en curias administrativas y tribunales eclesiásticos, o la colaboración en la función de santificar. Sin embargo, se observan con frecuencia reticencias a la hora de aplicar estas posibilidades, que permanecen muchas veces infrautilizadas.

Cambiar esta situación exigirá una adecuada formación y conocimiento de las posibilidades de participación laical previstas en la ley canónica y, sobre todo, la *voluntad* de aplicarlas, lo que exigirá en muchas Iglesias locales una *conversión sinodal* de Pastores y de fieles, pues la ley más perfecta que pueda concebirse será inútil si no hay voluntad de aplicarla[28]. Resulta significativa, a este respecto, la llamada del papa Francisco, en su *Nota de acompañamiento*, exhortando a las iglesias particulares a «ejecutar eficazmente lo que ya está previsto en el Derecho vigente». Efectivamente, es precisamente el ámbito local el más oportuno para articular, a través de un discernimiento sinodal que tenga en cuenta las concretas necesidades pastorales, nuevos cauces de ministerialidad y participación.

---

[28] C. Peña, «Sinodalidad: profundizando en la recepción eclesial del Concilio Vaticano II», *Manresa* 94 (2022) 317-322.

b) Tanto el discernimiento sobre estas vías de ejercer la ministerialidad bautismal como la asunción de concretos ministerios, mandatos, oficios, servicios o funciones exigirá, con carácter general, una adecuada formación teológica y/o canónica, que incluya la perspectiva sinodal. Será también fundamental promover, por diversas vías, la formación de todo el Pueblo de Dios en sinodalidad y en ministerialidad, de modo que todos los fieles puedan hacerse conscientes de las implicaciones de su compromiso bautismal. Es significativa, a este respecto, la insistencia del Documento final del Sínodo en este aspecto, ya que aparece la palabra *formación* en 43 ocasiones.

c) La perspectiva sinodal invita y exige igualmente la apertura a reformar, a nivel universal, aquellas disposiciones canónicas que limiten injustificadamente la efectiva participación y corresponsabilidad de los laicos en la misión de la Iglesia. A mi juicio, el criterio para estas reformas debería ser el *reconocimiento de la condición bautismal como principio general de «capacitación» eclesial, superando la tentación del clericalismo.*

La participación laical constituye una riqueza para la vida eclesial, por lo que sería oportuno aplicar sin reticencias ni temores injustificados los cauces ya vigentes y explorar nuevas vías. No se trata de reclamar unas «cuotas» de participación, ni de convertir a los laicos en «pseudoclérigos», sino de permitir a todos los fieles contribuir a la misión eclesial, cada uno desde su sensibilidad y «modo de ser y estar en la Iglesia y en el mundo», pero también desde su específica formación, competencia y dones, respondiendo a la vocación bautismal que nos hace *miembros de pleno derecho* de la Iglesia.

Propuestas concretas de la Iglesia sinodal para el futuro

Juan Pablo García Maestro, osst

Instituto Superior de Pastoral – UPSA (Madrid)

Introducción

Deseo iniciar esta introducción evocando la memoria de nuestro compañero y querido Juan de Dios Martín Velasco que en una entrevista publicada en la revista *Vida Nueva* (septiembre de 2004), al ser cuestionado sobre las relaciones de los teólogos con quienes velan por la ortodoxia del Magisterio de la Iglesia, decía estas palabras:

> Creo que hay una cierta restricción de la libertad legítima del teólogo. Reconozco el papel indispensable del Magisterio en la Iglesia, pero creo que su función es señalar cuál es la fe de la Iglesia y discernir en lo que va surgiendo qué está o no de acuerdo con ella. Hay una extensión abusiva de la actuación del Magisterio a cuestiones que no tocan a la fe de la Iglesia, sino que son perfectamente discutibles, y que el propio Magisterio dice que no son cuestiones de fe, por ejemplo, el posible acceso de la mujer al ministerio. No se ha podido declarar verdad de fe, porque no lo es, pero, en cambio, se la declara cuestión cerrada. Me parece que es una extensión ilegítima del Magisterio, en la que el Magisterio debiera dejar la libertad de discusión propia de los teólogos. Y hay muchísimas cosas que afectan a la verdad cristiana hoy que son

discutibles, porque se está enfrentando con problemas nuevos, para los que no hay soluciones en la tradición de la Iglesia. Y lo normal sería que se dejase discutir para que de esa discusión saliesen las mejores soluciones, en lugar de que un grupo reducido de teólogos imponga su opinión a través del Magisterio al resto de los teólogos[1].

A partir de esta lúcida observación de Martín Velasco, desearía proponer algunas cuestiones sobre las que, durante estos últimos años (2021-2014) en los que hemos debatido sobre la sinodalidad, no he visto que de verdad se haya reflexionado con la seriedad que se merecen.

Por eso, si alguien me preguntara qué problemas desde el punto vista teórico me parecen hoy más urgentes para la teología y la pastoral, señalaría los siguientes:

a) El significado de confesar a Jesús como Hijo de Dios en el actual contexto de diálogo con las demás religiones.

b) El problema de la acción de Dios en un universo regido por leyes autónomas.

c) El misterio de la bondad divina en un mundo tan cruelmente azotado por el mal y el sufrimiento del inocente.

d) Finalmente, la inacabable cuestión de una lectura no fundamentalista de la Biblia desde una conciencia histórica y agudamente hermenéutica.

---

[1] Entrevista publicada en *Vida Nueva* 2240, 11, del 23 de septiembre de 2004.

Sin embargo, si me preguntan desde el punto de vista práctico cuál es el problema más urgente para la Iglesia, contestaría: «la democratización de la Iglesia».

A lo largo de estos años de reflexión sobre la sinodalidad hemos escuchado al papa Francisco que el Sínodo no debe ser un parlamento. Afirmando que el sínodo es:

> un camino de discernimiento espiritual, de discernimiento eclesial, que se realiza en la adoración, en la oración, en contacto con la Palabra de Dios, el hecho que la Palabra abra al discernimiento y lo ilumine hace que el Sínodo no sea un parlamento, sino un acontecimiento de gracia, un proceso de sanación guiado por el Espíritu (10 de octubre de 2021).

Cuando hablamos de sinodalidad no se trata de llevar a cabo lo que decide la mayoría o la minoría más fuerte, sino hacer lo que se decide en comunión entre nosotros, con Dios y con los pobres. Al tratar este tema no hay que caer ni en el peligro de los parlamentarismos ni el de conciliarismos.

Sin embargo, no podemos quedarnos en estos planteamientos que nos impiden ir al fondo de lo que consideramos que una Iglesia sinodal debe afrontar hoy y en el futuro.

1. La democratización de la Iglesia

Para afrontar esta cuestión, creo que el punto de partida es tener en cuenta que la reforma eclesial y la democratización de la Iglesia están relacionadas mutuamente y la razón estriba en que la democratización de la Iglesia constituye una de las facetas más importantes de una amplia reforma de la institución. Si no se hace caso a esta reforma, entonces la Iglesia renunciará a la posibilidad de hablar a los hombres y mujeres de hoy y a estar presente en la sociedad. De otro lado, la democratización facilita una permanente reforma eclesial.

En una Iglesia democratizada la posibilidad de una dilatada reforma es mayor, ya que una institución democrática ofrece más posibilidades de que nuevos pensamientos, brotes carismáticos, concepciones y críticas proféticas arriben desde la base al proceso decisivo y logren cuajar.

1.1. *La propuesta de Karl Rahner*

En esta línea el teólogo Karl Rahner afirmaba en su obra *Gracia como Libertad*, publicada en 1968, que:

> la Iglesia muestra respecto a la democracia una afinidad radical más fuerte que la sociedad civil. Porque, en esta última las personas pertenecen de modo necesario por el mero hecho de nacer; en cambio, la Iglesia, comprendida como magnitud social, se funda únicamente en la libre fe de sus miembros.

Y a su vez añade otro dato decisivo:

> a la constitución de la Iglesia pertenecen simultáneamente y necesariamente lo institucional y lo carismático, es decir, junto al gobierno ministerial está siempre la libre, no planificable y no manipulable iniciativa de todos los bautizados; de suerte que los carismas no son una concesión de los jerarcas, sino un estricto derecho libre e inmediatamente concedido por el Espíritu[2].

---

[2] K. Rahner, «Demokratie in der Kirche?», en íd., *Gnade als Freiheit* (Friburgo: Herder, 1968), 113-130. Existe una traducción en español: «¿Democracia en la Iglesia?», *Selecciones de Teología* 8/30 (1971) 193-201.

Otro camino para una posible democratización de la Iglesia sería la cooperación del pueblo eclesial en la elección de los pastores[3]. En principio no puede decirse que esto sea incompatible con la constitución fundamental *iuris divini* de la Iglesia, pues existió en la antigua Iglesia y existen aún vestigios en algunas regiones.

Los usos democráticos que la Iglesia tuvo empezaban por el nombramiento de obispos que eran elegidos por el pueblo cristiano, tanto laicos como sacerdotes. Siempre se consideró que el fundamento y autoridad de un obispo venía de Dios y de la designación expresa del Papa, pero la manera concreta de elegirlo tuvo formas más democráticas que las actuales: lo hacía el pueblo de Dios.

Por nuestra parte deseamos añadir los siguientes datos[4]:

— Ya en la Escritura encontramos formas participativas de todo el pueblo. Cuando se buscó un sustituto para el apóstol Judas, se echó a suertes la elección del candidato siguiendo la práctica del Antiguo Testamento. Es importante destacar que en esa escena se dice que estaba allí presente una asamblea de «ciento veinte personas» (Hch 1,15) y que «propusieron» (en plural, según Hch 1,23) a dos candidatos: José y Matías.

— En las cartas de san Ignacio de Antioquía dejan constancia de que en el siglo II la convicción de que el obispo se convierte en obispo por gracia de Dios no

---

[3] Rahner, «Demokratie in der Kirche?», 199-200.

[4] Aquí seguimos los siguientes estudios: R. Kottje, «La elección de los ministros de la Iglesia. Hechos históricos y experiencias», *Concilium* 63 (1971) 407; J. I. González Faus, *Ningún obispo impuesto* (Santander: Sal Terrae, 1993).

es incompatible con el hecho de que este sea escogido por los miembros de la comunidad a la que va a servir.

— La primera carta de san Clemente Romano habla de los ministros nombrados con el asentimiento de toda la comunidad (44,3) y en la Didaché se da esta indicación: «Elegid a vuestros obispos y diáconos, dignos del Señor» (15,1).

— En el siglo III san Cipriano de Cartago decía: «Que no se le imponga al pueblo un obispo que el pueblo no desee». Incluso este obispo de Cartago consideraba de «origen divino» el derecho del pueblo a elegir a sus pastores:

El pueblo, obediente a los mandatos del Señor [...], tiene el poder de elegir obispos dignos y recusar a los indignos. Sabemos que viene de origen divino elegir al obispo en presencia del pueblo y a la vista de todos, para que todos lo aprueben como digno e idóneo por testimonio público [...] Dios manda que ante toda la asamblea se elija al obispo [...] Esto observaban los apóstoles no solo en la elección de obispos y presbíteros, sino en la de los diáconos (san Cipriano, Carta 67).

— También un escrito de comienzos del siglo III (la *Tradición Apostólica* de san Hipólito de Roma) menciona el principio de que se ordene como obispo a aquel que haya sido escogido por todo el pueblo. Este escrito repite hasta tres veces que para ser ordenado obispo debe haber acuerdo de la asamblea, una comunidad compuesta por clérigos y feligreses.

— En el siglo IV tenemos los casos de san Agustín y san Ambrosio que se vieron obligados a aceptar su elección como obispos de Hipona (san Agustín) y de

Milán (Ambrosio), incluso contra su voluntad, porque fueron aclamados por la comunidad cristiana.

- También san Paulino de Nola (355-431) fue elegido obispo por aclamación popular, siendo un sacerdote casado.

- Finalmente, en el siglo v, san León Magno, el más importante papa de ese siglo afirmaba:

> Aquel que debe presidir a todos debe ser elegido por todos No se debe ordenar obispo a nadie contra el deseo de los cristianos y sin haberles consultado expresamente al respecto.

Por eso, como propuesta concreta, esta práctica tan presente en el primer milenio de la Iglesia, ¿no deberíamos recuperarla en esta tercer milenio?

1.2. *La aportación de Rudolf Pesch*

Deseo también destacar, desde un punto de vista bíblico, lo que Rudolf Pesch ha llamado la atención en un estudio sobre *Los fundamentos neotestamentarios para una democracia como forma de vida en la Iglesia*[5], en el que afirma que en la Iglesia tienen su patria natural las estructuras antropológicas básicas en las que se funda y apoya el espíritu democrático. En efecto, para el Nuevo Testamento son esenciales los valores de participación y solidaridad, de servicio y no de dominio, que constituyen el alma más auténtica de toda democracia.

¿Cuáles son estos valores que constituyen el alma de toda democracia?

---

[5] R. Pesch, «Fundamentos neotestamentarios para una democracia como forma de vida en la Iglesia», *Conclium* 63 (1971), 343-354.

Estos valores son: la libertad, la igualdad y la fraternidad.

La libertad

El primer texto bíblico que deseo destacar para este valor es el de la carta de san Pablo a los Gálatas: «Cristo nos ha liberado para que vivamos en libertad» (Gal 5,1).

Otro texto es el de la carta de Santiago que habla de la ley de la libertad como punto radical para la felicidad, como pauta radical de la conducta perfecta y por la que seremos juzgados: «El que considera atentamente la ley perfecta de la libertad y se mantiene firme, no como oyente olvidadizo sino como cumplidor de ella, ese practicándola, será feliz» (Sant 1,25).

Y más adelante en el capítulo 2 añade: «Hablad y obrad tal como corresponde a los que han de ser juzgados por la Ley de la libertad» (Sant 2,12).

El evangelista san Juan relaciona la verdad con la libertad: «Si os metéis en mi Palabra, seréis verdaderamente mis discípulos, y conoceréis la verdad y la verdad os hará libres» (Jn 8,31-32).

En el ámbito del pensamiento, el filósofo Hegel proclamó que la libertad efectiva para todos, para todo individuo en cuanto persona, entró en la historia con el cristianismo. Dice así Hegel: «Los orientales solo han sabido que uno es libre, y el mundo griego y romano que algunos son libres, y nosotros que todos los hombres son en sí libres, que el hombre es libre como hombre» (*Lecciones sobre filosofía de la historia universal*)[6].

---

[6] Citado por A. Torres Queiruga, «Democracia en la Iglesia», en *Nuevo diccionario de Pastoral,* ed. por C. Floristán (Madrid: San Pablo, 2002, 288-299.

La Igualdad

Este segundo valor de la igualdad está basado en el cimiento indestructible de la filiación divina. La experiencia cristiana rompe —acaso por primera vez en la historia de la humanidad— con toda pretensión a cualquier desigualdad de principio. Hijos de un mismo Padre, todos los hombres y mujeres acceden a la dignidad indestructible de personas por el mero hecho de existir.

El apóstol san Pablo no hará más que elevar de modo genial a síntesis más especulativa este principio, cuando saca la consecuencia universal:

> Ya no hay judío ni griego, esclavo ni libre, varón ni mujer, pues todos vosotros sois uno en Cristo Jesús (Gal 3,28).

Desde una Iglesia sinodal diremos que es el bautismo el que nos hace a todos iguales. En este sentido quiero destacar una anécdota de la XVI Asamblea sinodal del Sínodo de los obispos 2021-2024 En el inicio de una sesión, el cardenal Jean-Claude Hollerich, sj, relator de dicho Sínodo, inició una sesión recordando que *el bautismo que reciben las mujeres es exactamente igual al que reciben los varones.* Tener que recordar esto en pleno siglo XXI, ¿no nos hace pensar que como Iglesia hemos avanzado poco?

La Fraternidad

La fraternidad ha de ser interpretada como un ejercicio activo de la esencia más íntima que nos hace humanos. Para el cristianismo la palabra hermano pasa incluso a convertirse en designación de los cristianos; por lo demás, en correlación íntima con su definición última, pues no es posible confesar a Dios como Abbá, Padre/Madre, sin reconocer a los demás como hermanas y hermanos. Pero sabiendo que el hermano/a preferido en el cristianismo han de ser los más pequeños, los pobres y excluidos.

La fraternidad según Jesús de Nazaret aparece en algunos textos que vamos ahora a recordar. En primer lugar, este texto del evangelista Mateo:

> Pero vosotros no os hagáis llamar señor maestro, pues uno solo es vuestro maestro y todos sois hermanos. A nadie llaméis padre en la tierra, porque uno solo es vuestro padre, el Celestial (Mt 23,8-9).

Otro texto muy importante es el que nos transmiten los tres evangelios sinópticos:

> Ya sabéis que los jefes de los pueblos tiranizan; y que los poderosos avasallan. Pero entre vosotros no puede ser así, ni mucho menos. Quien quiera ser importante, que sirva a los otros, y quien quiera ser el primero, que sea el más servicial. Que también el Hijo del Hombre no ha venido a que le sirvan, sino a servir y entregar su vida (Mc 10,42; Lc 22,25-27; Mt 20,25-28).

El evangelista san Juan sitúa esta actitud de fraternidad en el gesto del lavatorio de los pies:

> ¿Comprendéis lo que he hecho con vosotros? Vosotros me llamáis Maestro y Señor, decís bien, porque lo soy. Luego si yo, el Señor y el Maestro, os he lavado los pies, también vosotros debéis lavaros los pies unos a otros. Os he dado así un ejemplo, para que, como yo he hecho con vosotros, así hagáis también vosotros (Jn 13, 12-15).

En la comunidad de Jesús lo que vale —podemos decir certeramente— no es el patriarca, sino la voluntad de Dios, el dominio de Dios, cuya forma se reveló en Jesús como fraternidad de amor y espíritu de servicio. La única autoridad que puede afirmarse en la Iglesia es la que cuida de los hermanos; el padre autoritario y clerical no tiene lugar en ella[7].

En cuanto a la fraternidad que debemos a los demás que creen de diferente modo, destacamos lo que afirma la declaración *Nostra aetate* del Concilio Vaticano II:

No podemos invocar a Dios, Padre de todos, si nos negamos a conducirnos fraternalmente con algunos hombres, creados a imagen de Dios. La relación del hombre para con Dios y con los demás hombres, sus hermanos, están de tal forma unidas que, como dice la Escritura: «el que no ama no ha conocido a Dios» (Jn 4, 8). La Iglesia, por consiguiente, reprueba, como ajena al espíritu de Cristo, cualquier discriminación o vejación realizada por motivos de raza o color, de condición o religión. Ruega ardientemente a los fieles cristianos que, observando en medio de las naciones una conducta ejemplar, tengan paz con todos los hombres, para que sean verdaderamente hijos del Padre que está en los cielos (NE, 5).

En tiempos más recientes hay que destacar la encíclica *Fratelli tutti* (2020) del papa Francisco, sobre *la fraternidad y la amistad social.* En esta encíclica aparece una cuestión central que nos ayuda a entender todo el documento. Nos referimos a la crisis de la globalización. Aquí Francisco cita a Benedicto XVI en su encíclica *Caritas in veritate* que decía sobre la globalización: «En este nuevo contexto donde nos hace más cercanos, no podemos ignorar que no nos hace más hermanos» (CiV, 19). Por-

---

[7] R. Pesch, «Fundamentos neotestamentarios para una democracia como forma de vida en la Iglesia», 156.

que una globalización que acentúa las desigualdades, que ignora a los desposeídos de la sociedad, que deshumaniza, se convierte en una globalización salvaje que pone en peligro la paz y la supervivencia de todos. Por tanto, necesitamos nutrirla del humus ético, para que sea una realidad más justa y solidaria, con capacidad de incluir a los emigrantes, a los más pobres de la tierra. Por eso las religiones y toda la humanidad estamos llamados a humanizar la globalización y a globalizar la solidaridad.

1.3. *La aportación de Carlos García de Andoin: «Sinodalidad: una forma más democrática de ser Iglesia»*[8]

El teólogo vasco García de Andoin afirma que la Iglesia no es una democracia, sino comunión. Es un argumento utilizado para preservar su singular identidad frente a la reivindicación de mimetismos con la democracia procedimental. En efecto, en la Iglesia el poder viene de Dios, no tiene su origen en el pueblo, y su guía es el Evangelio de Cristo, no constitución alguna. Pero si Dios es comunión trinitaria de amor y servicio, y si la Iglesia es, como signo e instrumento, comunión del Pueblo de Dios y toda ella es una, santa y apostólica, como dice el Vaticano II, lo que en ningún caso se ajusta a su sacramentalidad es el mimetismo con el absolutismo monárquico. Si hay distancia escatológica de la comunión del Pueblo de Dios con la democracia, que la hay, infinitamente mayor es su desemejanza, con la idea de un monarca absoluto que gobierna para el pueblo, pero sin el pueblo.

---

[8] C. García de Andoin, «Sinodalidad: una forma más democrática de ser Iglesia», *Iglesia Viva* 289 (enero-marzo 2022) 45-66.

La democracia sustantiva no es moralmente neutra; y podemos decir que, salvados los límites de la analogía, es ciertamente más conforme a la antropología y a la forma de vida cristiana[9].

La comunión no es una democracia, sino «mucho más que una democracia» (Rahner). El dinamismo trinitario inspira un sentido de la participación y la corresponsabilidad más radical, profundo y complejo que el de la democracia procedimental[10].

En esta línea, García de Andoin recuerda que en la presentación del Cuestionario preparatorio del Sínodo se planteó, entre los objetivos de una Iglesia más sinodal, el de ganar credibilidad ante el desafío común por la reconstrucción de la democracia. Dice así dicho Cuestionario:

> Se trata de impulsar y sostener la comunidad cristiana como sujeto creíble y socio fiable en caminos de diálogo social [...] participación, reconstrucción de la democracia, promoción de la fraternidad y de la amistad social. Ser sujeto creíble y socio fiable en la sociedad democrática reclama a la Iglesia una seria reforma en la cabeza y en sus miembros.

Otra idea que destaca el teólogo vasco es que la reforma sinodal no es ajena al anuncio del kerigma. Hay quienes afirman que lo importante es la evangelización, que dejemos de enredarnos en la sinodalidad. Yo diría que no. Ambas se pertenecen. La evangelización es creíble si se basa en la concordia de las palabras con los hechos. Se juega en el testimonio, el individual y el comunitario.

---

[9] K. Lehmann, «Legitimación dogmática de una democratización en la Iglesia», *Concilium* 63 (1971) 355-377.

[10] C. García de Andoin, «Sinodalidad: una forma más democrática de ser Iglesia», 53.

Para la invitación joanea ¡«Venid y lo veréis!», no es igual el encuentro con un clima comunitario de libertad o uno de miedo a expresar la propia opinión; no es lo mismo un ministerio mandón, autoritario y acaparador que un ministerio animador de las responsabilidades de todos; no es lo mismo la toma de decisiones teniendo en cuenta la opinión de todos que las decisiones de solo uno mientras los demás asienten. Una u otra forma no sacramenta de igual manera al Dios uno y trino. En la reforma sinodal se juega la credibilidad del kerigma «Jesús, Señor» en sociedades que son abiertas y democráticas.

Finalmente, Carlos recuerda y destaca la dimensión espiritual en los procesos sinodales. Por dimensión espiritual entendemos lo que llamamos «el discernimiento». Para el papa Francisco es más importante la calidad espiritual del proceso que unos determinados resultados concretos. Porque ¿cuál es el motor del pontificado de Francisco? (Antonio Spadaro). La idea de reformar la Iglesia se corresponde con la visión ignaciana. Entiende que las reformas estructurales son necesarias, pero le preocupa que en el ánimo de las mismas esté el testimonio de vida y la vida espiritual. Porque para Bergoglio «la reforma es un proceso verdaderamente espiritual». Aquí se inspira en el jesuita san Pedro Fabro (1506-1546), a quien canonizó el papa Francisco en 2013. Para este jesuita «la experiencia interior, la expresión dogmática y la reforma estructural están íntimamente ligadas»[11].

Pedro Fabro la entiende como un proceso espiritual, que parte del vaciado de uno mismo, al modo del Mesías

---

[11] C. García de Andoin, «Sinodalidad: una forma más democrática de ser Iglesia», 62-63.

Jesús quien, «a pesar de su condición divina, no hizo alarde de ella, sino que se vació de sí y tomó la condición de esclavo» (Flp 2,6-11). Sin este vaciado la reforma no dejaría de ser sino otra «ideología del cambio».

Aquí destacamos el ejemplo de la ordenación sacerdotal de los *viri probati* (consiste en que, en situaciones de extrema falta de sacerdotes, sean ordenadas personas casadas con probada fidelidad a la Iglesia). Esto se trató en el sínodo de la Amazonía (octubre de 2019). La ordenación de los *viri probati*, a pesar de haber obtenido los votos necesarios, finalmente no fue aprobada por Francisco en *Querida Amazonía*.

¿Qué le faltó a la deliberación para ser propiamente un discernimiento?

Para un verdadero discernimiento son precisas dos actitudes: el vaciamiento de sí, en la búsqueda de la voluntad de Dios, y el modo cómo se realiza la deliberación si construye comunión o provoca división en la Iglesia. Ambos indicadores cualifican el discernimiento, esto es, si la deliberación está inspirada por el Espíritu. Para el papa Francisco, cuando una discusión plantea en términos de antagonismo y atrincheramiento en la verdad de cada cual, no obedece a un discernimiento en el Espíritu de Dios. Porque todo aquel que se atrinchera en su verdad acaba siendo prisionero de sí mismo y de sus posiciones, proyectando sus propias confusiones e insatisfacciones. De esta manera, caminar juntos se vuelve imposible[12].

Sin embargo, quisiera matizar que, en el discernimiento, se precisan también otras actitudes que nuestra reali-

---

[12] C. García de Andoin, «Sinodalidad: una forma más democrática de ser Iglesia», 63-64.

dad nos están exigiendo hoy y en el futuro, sobre todo teniendo en cuenta que **la** realidad es superior a la idea. ¿Cómo se va a seguir trabajando el diaconado de la mujer y el acceso al ministerio del sacerdocio? ¿Va a seguir siendo una cuestión cerrada? ¿Cómo afecta este tema al problema pastoral de dejar tanto tiempo a comunidades cristianas sin la celebración de la eucaristía? Tener que recordar esto en este siglo XXI, ¿no nos hace pensar que como Iglesia hemos avanzado poco?

2. Los pobres en una Iglesia sinodal. ¿Dónde van a dormir los pobres en este siglo XXI?

En este segundo punto desearía recordar y además desearía que fuese un gesto de agradecimiento al teólogo peruano y religioso dominico Gustavo Gutiérrez Merino, que falleció el 22 de octubre de 2024.

En primer lugar, deseo hacer mías estas palabras que dirigió Edward Schillebeeckx a Gustavo Gutiérrez al otorgarle el grado de Doctor *honoris causa* en la Universidad de Nimega (Países Bajos):

> Eres el primero en la historia moderna a reactualizar los grandes temas cristianos de teología, empezando con la opción fundamental por el pobre. Esta nueva manera de teologizar no añade simplemente un capítulo nuevo a la vieja teología, la conceptualiza, no solo en los aspectos pastorales e instituciones de la vida cristiana y eclesial, sino también en sus aspectos dogmáticos y éticos, hace tiempo olvidados en Europa[13].

---

[13] E. Schillebeeckx, «Discurso a Gustavo Gutiérrez, con motivo del premio "doctor *honoris causa*" otorgado a Gutiérrez en Nimega», *Páginas* 23 (1979), 7-10, aquí 8.

La singularidad de su aportación descansa en haber asumido como punto de partida y como referencia articuladora (a diferencia de otras teologías más veritativas o estéticas al uso) el compromiso que brota de «ver» —por su puesto, con los ojos de la fe— la asociación preferente de Dios, por pura y gratuita misericordia, con los pobres de este mundo[14]. Esta es la «verdad» o el dogma que Gustavo Gutiérrez trae y actualiza en sintonía con lo mejor de la tradición cristiana, empezando por los padres griegos y latinos y siguiendo por los santos, mártires y místicos de todos los tiempos. Es, además, una verdad o un dogma que, al ser rescatado del olvido, denuncia una carencia frecuente en nuestros días: el desplazamiento de la centralidad que siempre han tenido —y han de seguir teniendo— los pobres y la justicia en las decisiones políticas, económicas o culturales y también en la dogmática teológica. Gracias a su contribución, ya no es de recibo que la verdad de los pobres y de la justicia sea desterrada de la dogmática teológica y siga desplazada, en el mejor de los casos, en la moral social (como simple objeto de atención caritativa), cuando no, en la periferia de la acción pastoral y en los márgenes de la vida de la Iglesia.

El tema de Dios es central para entender la opción preferencial por los pobres. El Dios de Jesús nos lleva junto a los pobres. En esta relación Dios y el pobre es donde el teólogo peruano va repensar todos los grandes temas de la teología: la salvación, la cristología, la Trinidad y la eclesiología. Según el concepto de Dios que

---

[14] Sobre la vida y pensamiento de Gutiérrez envío a mi libro *El Dios que nos lleva junto a los pobres. La teología de Gustavo Gutiérrez* (Salamanca: San Esteban, 2013).

tengamos, y según nuestra forma de seguir a Jesús, podemos clarificar la función de la teología y de la pastoral en la Iglesia.

A esto habría que añadir la importancia de la espiritualidad en la teología de Gutiérrez. La espiritualidad nos ayuda a comprender que a Dios no solo se le piensa, sino ante todo se le practica. Si el tema central de toda teología es Dios, la teología no puede desligarse de la espiritualidad. Por eso una y otra vez nos dirá que nuestro método es nuestra espiritualidad. La firmeza y el aliento de una reflexión teológica está precisamente en la experiencia espiritual que la respalda. Toda auténtica teología es una teología espiritual: esto no enerva su carácter riguroso y científico. Lo sitúa.

La conversión es el punto de partida de todo camino espiritual. Conversión que a su vez significa pensar, sentir y vivir como Cristo, presente en el hombre despojado y alienado (cf Mc 1,15). No se trata solo de un compromiso y una denuncia de las injusticias, sino también hay que resaltar la importancia de la conversión personal. Conversión supone reconocimiento de la presencia del pecado en nuestras vidas y en el mundo en el que nos encontramos. Por eso callar ante las injusticias es un pecado y también es necesario una conversión social.

Así pues, se trata de una verdadera relación y equilibrio entre conversión personal y social. Sin conversión personal no existe una conversión social, pero sin esta la conversión personal sería falsa. Gustavo Gutiérrez lo explica de esta manera citando al obispo Leonidas Proaño:

> Si la conversión tiene que ser una vuelta a Dios y al prójimo, tenemos que preguntarnos si no somos quizás más respetuo-

sos de una imagen hecha de madera que del hombre imagen viva de Dios. Tenemos que preguntarnos si no somos más obsequiosos con las imágenes que con los hombres sumergidos frecuentemente en la ignorancia, en la tristeza, en la pobreza, en la esclavitud[15].

La gratuidad de Dios exige un clima de eficacia histórica. Ya afirmaba Óscar Romero: «El mundo de los pobres no enseña cómo ha de ser el amor cristiano, que debe ser ciertamente gratuito, pero debe buscar la eficacia histórica»[16].

Durante estos últimos años se viene planteando el tema del futuro de la teología de la liberación, corriente teológica iniciada por G. Gutiérrez hace cincuenta y cuatro años (1971-2025). Muchos han creído que esta teología iba pronto a desaparecer. Sin embargo, en estos últimos años han aparecido pautas que marcan la situación, las tareas y el futuro de esta teología y los nuevos desafíos en vistas al nuevo milenio.

Hoy nos debería preocupar de forma especial esta cuestión: ¿dónde van a dormir los pobres en el mundo posmoderno?, ¿qué será de los preferidos de Dios en el tiempo que viene[17]? Estos interrogantes están inspirados en un texto del libro del Éxodo 22,26. Aquí aparece cómo entre las prescripciones que Moisés recibe de Yavhé para ser trasmitidas a su pueblo se halla la de preocuparse por dónde dormirán aquellos que no tienen con qué cubrirse.

[15] G. Gutiérrez, *Beber en su propio pozo. Itinerario espiritual de un pueblo* (Lima: CEP, 1983), 134.

[16] Ibíd., 140.

[17] G. Gutiérrez, «¿Dónde dormirán los pobres?», en J. Iguiñiz, F. Chamberlain *et al.*, *El rostro de Dios en la historia* (Lima: CEP, 1996), 9-69.

Creemos que a partir de estos interrogantes por parte de Gutiérrez tiene más importancia la cuestión sobre el futuro de la Teología de la liberación, pues en definitiva lo que nos debe importar en una Iglesia sinodal es si los pobres tienen futuro en esta sociedad donde lo más importante es el capital.

El problema mayor de este milenio es el problema del otro. Esta cuestión ha de ser clave para toda la teología y para la pastoral en este milenio, es decir, ver en el pobre al otro en una sociedad cada vez más satisfecha con ella misma.

La Iglesia que Dios espera en este milenio ha de ser una Iglesia sinodal (papa Francisco), pero donde el elemento de su identidad sea «la opción obligatoria por los que sufren la cultura del descarte»[18].

La Comunidad cristiana está llamada no solo hacerse próximos a ellos, sino a aprender de ellos[19]. Si hacer sínodo significa caminar junto Aquel que es el camino, una Iglesia sinodal necesita poner a los pobres en el centro de su propia vida. Hay que evitar con mucho cuidado considerar a los pobres con los términos de «ellos» y «nosotros» como objetos de caridad de la Iglesia. Poner en el centro y aprender de ellos es algo que la Iglesia debe hacer siempre más. Compartir la vida y el servicio a los pobres se trata de una exigencia de fe, no de algo opcional.

---

[18] Esto lo hemos tratado más ampliamente en «La dimensión interreligiosa en la encíclica *Fratelli tutti*», *Lumen* 70 (2021) 59-76.

[19] E. Gómez García, «Fijos los ojos en el samaritano. La conversión sinodal del incómodo caminar con los pobres», en: XXIV Jornadas Agustinianas, Madrid, 5-6 de marzo de 2022, 157-193; V. Martín Muñoz, «Por una Iglesia sinodal que camina con los pobres», *Vida Nueva* 3246 (2021).

Como propuesta a este desafío de los pobres, deseamos que, en la doctrina social de la Iglesia, las iglesias locales se comprometan no solo a hacer más conocidos sus contenidos, sino a favorecer su apropiación a través de prácticas que pongan en juego su inspiración.

Otra propuesta concreta de este desafío de los pobres, sería convocar un sínodo sobre el Dios que nos lleva a los pobres, en el que fueran invitadas las otras confesiones cristianas y los miembros de otras religiones. Ello ayudaría en el camino hacia la verdadera unidad de las Iglesias, tanto en la cátedra como en el altar. Pues nuestros problemas eclesiológicos son relativos, lo importante es Dios y los pobres.

3. Hacia una Sinodalidad inclusiva. El desafío de las mujeres

Durante los días del 4 al 29 de octubre de 2023 se celebró la XVI Asamblea General Ordinaria del Sínodo de los obispos. Días después se publicó el *Informe Síntesis*[20] en donde se recogían los temas que se trabajaron en dicha Asamblea.

En el Informe de Síntesis deseamos destacar el tema de las mujeres en la vida y en la misión de la Iglesia. La Iglesia parte del principio antropológico de que el hombre y la mujer fueron creados a imagen y semejanza de Dios. Desde la creación se articula la unidad y la diferencia, dando al hombre y a la mujer una naturaleza, una vocación y destino compartidos, y dos experiencias dis-

---

[20] XVI Asamblea General Ordinaria del Sínodo de los Obispos, *Una Iglesia Sinodal en misión. Informe síntesis* (Madrid: San Pablo, 2023).

tintas de lo humano. La Biblia habla de la complementariedad y reciprocidad de mujeres y hombres[21].

Desde la vida de Jesús, vemos en los Evangelios que consideraba a las mujeres como interlocutoras suyas: habla de con ellas del Reino de Dios y las acogía entre los discípulos, como a María de Betania. Estas mujeres experimentaron su poder de sanación, de liberación y de reconocimiento y caminaron con él de Galilea a Jerusalén (Lc 8,13). Y sobre todo, confió a una mujer, María Magdalena, la tarea de anunciar la resurrección en la mañana de Pascua[22].

En Cristo, mujeres y hombres están revestidos de la misma dignidad bautismal y reciben en igual medida la variedad de dones del Espíritu Santo (Gal 3,28). Estamos llamados por una comunión caracterizada por una corresponsabilidad no competitiva, para encarnarla en todo nivel de la vida de la Iglesia[23].

Las mujeres constituyen la mayoría de quienes frecuentan la Iglesia y, con frecuencia, son las primeras misioneras de la familia. Las consagradas, en la vida con-

---

[21] XVI Asamblea General Ordinaria del Sínodo de los Obispos, *Una Iglesia Sinodal en misión. Informe síntesis,* 67.

[22] Ibíd., 66.

[23] En el Documento final (octubre 2024) se afirma: «En virtud del Bautismo, hombres y mujeres gozan de igual dignidad en el Pueblo de Dios. Sin embargo, las mujeres siguen encontrando obstáculos para obtener un reconocimiento más pleno de sus carismas, de su vocación y de su lugar en los diversos ámbitos de la vida de la Iglesia, en detrimento del servicio a la misión común». Aquí citamos según la traducción española: papa Francisco, XVI Asamblea General Ordinaria del Sínodo de los Obispos, *Por una Iglesia sinodal: comunión, participación, misión,* Documento final (octubre de 2024) (Madrid BAC, 2024), 60.

templativa y en la vida activa, son un don, un signo y un testimonio de fundamental importancia entre nosotros.

El clericalismo y el machismo son un uso inadecuado de la autoridad y continúan ensuciando el rostro de la Iglesia y dañando la comunión. «Cuando en la Iglesia se dañan la dignidad y la justicia en las relaciones entre hombres y mujeres, resulta debilitada la credibilidad del anuncio que dirigimos al mundo»[24].

La Asamblea pidió evitar la repetición del error de hablar de las mujeres como de una cuestión o un problema. Deseamos, en cambio, promover una Iglesia en la que los hombres y las mujeres dialoguen, a fin de comprender mejor la profundidad del designio de Dios, en que aparecen juntos como protagonistas, sin subordinación, exclusión ni competencia[25].

¿QUÉ CUESTIONES HAY QUE AFRONTAR?

En el *Informe Síntesis* se señala que han sido diversas posturas en relación al acceso de las mujeres al ministerio diaconal. Algunos consideran que este paso sería inaceptable porque está en discontinuidad con la Tradición. Otros, sin embargo, por el contrario, consideran que conceder el diaconado a las mujeres retomaría una práctica de la Iglesia de los orígenes. Ven en este paso una propuesta necesaria y apropiada a los signos de los tiempos, fiel a la Tradición y capaz de encontrar eco en el corazón de muchos que buscan una renovada vitalidad y energía en la Iglesia. Sin embargo, otros expresan su

[24] *Infome Síntesis*, 69.
[25] Ibíd.

175

temor de que esta petición denotaría una peligrosa confusión antropológica y, acogiéndola, la Iglesia se alinearía con el espíritu del tiempo[26].

¿Qué propuestas para el tema de la mujer?

En primer lugar, es urgente garantizar que las mujeres puedan participar en los procesos de decisión y asumir roles de responsabilidad en la pastoral y en el ministerio. El papa Francisco ha aumentado el número de mujeres en puestos de responsabilidad en la Curia romana. Lo mismo debería ocurrir en otros niveles de la vida de la Iglesia. Para ello, habría que adaptar, en consecuencia, el derecho canónico.

En segundo lugar, debe seguir adelante la investigación teológica y pastoral sobre el acceso de las mujeres al diaconado, ayudándose de los resultados de las comisiones instituidas a este propósito por el Santo Padre y de las investigaciones teológicas, históricas y exegéticas ya efectuadas[27].

Llama la atención que en el *Informe Síntesis*, como en todos los documentos publicados en el proceso sinodal,

[26] *Infome Síntesis*, 70-71.

[27] Aquí enviamos a los siguientes estudios: C. Vagaggini, «L'ordinazione delle diaconesse nella tradizione greca e bizantina», *Orientalia christiana periodica* 40 (1974) 145-189; R. M.ª Parrinello, «Diaconesse a Bisanzio: una mesa a punto della questione», en *Diakonia, diaconiae, diaconato. Semantica e storia nei padri della Chiesa. XXXVIII Incontro di studiosi dell'antichità cristiana, Roma, 7-9 mayo 2009* (Roma: Institum Patristicum Augustinianum, 2010), 653-665; G. Di Berardino, «Donne e ministeri nella Chiesa cattolica», en G. Di Berardino, J. B Weels, J. C. Hollerich, S. P. O'Malley y L. Pocher, *Donne e ministerio nella Chiesa sinodale. Un dialogo aperto* (Milano: Paoline, 2024), 53-77; P. J. Lasanta, *¿Diaconisas en la Iglesia? Perspectivas y nuevos caminos* (Madrid: San Pablo, 2024); P. Zagano, «Las mujeres, el diaconado y el Sínodo. ¿Y después?», *Phase* 64 (2024) 201-214.

incluido el Documento final, no se haga alusión al acceso al ministerio sacerdotal de la mujer. Si la Iglesia sinodal es caminar en igualdad, creemos que la discriminación que sufre la mujer en la vocación al sacerdocio resta credibilidad a la Iglesia y está en contradicción con la Escritura y la Tradición[28]. Como hemos recordado anteriormente, el *Informe Síntesis* recuerda que la primera persona que experimentó la Resurrección de Cristo fue una mujer, María Magdalena, la discípula de los discípulos[29].

La Iglesia institucional ha reconocido en las últimas décadas el protagonismo del laicado en la tarea evangelizadora. Sin embargo, todavía las mujeres no pueden realizarlo en todos los espacios por seguir negándoseles el acceso a los ministerios ordenados y a muchos niveles

---

[28] Envío a los excelentes trabajos: N. Calduch-Benages, *San Paolo e le donne* (Milano: Vita e Pensiero, 2019); M. Perroni y C. Simonelli, *Maria di Magdala. Una genealogía apostolica* (Ariccia: Aracne, 2016); E. Schüssler Fiorenza, *En memoria de ella. Una reconstrucción teológica feminista de los orígenes cristianos* (Bilbao: Desclée de Brouwer, 1989); L. Pocher, «Tra paure e Desiderio. Ordinazione delle donne e discernimento sinodale», en G. Di Berardino, J. B Weels, J. C. Hollerich, S. P. O'Malley y L. Pocher, *Donne e ministeri nella Chiesa sinodale. Un dialogo aperto* (Milano: Paoline, 2014), 17-27; J. B. Wells, «L'esperienza dell'ordinazione delle donne tra gli anglicani», en G. Di Berardino, J. B Weels, J. C. Hollerich, S. P. O'Malley y L. Pocher, *Donne e minsteri nella Chiesa sinodale. Un dialogo aperto* (Milano: Paoline, 2014), 29-51; L. Castiglioni, *Figlie e figli di Dio. Uguaglianza battesimale e differenza sessuale* (Brescia: Queriniana, 2023).

[29] Para este tema envío a los siguientes estudios: C. Vélez y E. de la Serna, «María Magdalena: primera evangelizadora», en *Voces bíblicas olvidadas y recordadas. Ensayo de exégesis con perspectiva de género. Libro homenaje a Carmen Bernabé Ubieta*, ed. por E. Aldave Medrano y C. Gil Arbiol (Estella: Verbo Divino, 2024), 99-115.; C. Bernabé, «Relevancia de la memoria de María Magdalena como testigo y apóstol», *Cuestiones Teológicas* 41 (2014), 279-306; íd., *Qué se sabe de... María Magdalena* (Estella: Verbo Divino, 2020); T. Forcades, «María Magdalena en los primeros escritos cristianos», *Iglesia Viva* 265 (2016) 9-32; K. Jansen, «La construcción de María Magdalena en la predicación y en la piedad popular», *Iglesia Viva* 265 (2016) 33-54.

de decisión eclesial en razón de su género. Seguir recuperando la figura de María Magdalena como primera evangelizadora puede contribuir a derribar esos impedimentos que, más que bíblicos o teológicos, son culturales y de tradiciones eclesiásticas[30].

¿Se puede negar el ministerio al sacerdocio a las mujeres en nombre de Dios y de Jesucristo? ¿Cómo se puede creer en un Dios y en un Mesías que aceptan semejante desigualdad? Está bien que el papa Francisco insista que no hay que olvidarse de los pobres, pero también debería afirmar que no hay que olvidarse de las mujeres. Que aún continuemos en la Iglesia con semejantes actitudes tan clericales es síntoma de que es fácil definir y hablar sobre sinodalidad, pero muy difícil practicarla.

Si la opción por el pobre hunde sus raíces en el Dios que creemos y en el Jesucristo a quien seguimos, el acceso de la mujer al sacerdocio ha de ser por una razón teologal y de justicia[31].

En estos últimos años el acceso de las mujeres al sacerdocio se ha convertido en definitivamente cerrado[32].

---

[30] C. Vélez y E. de la Serna, «María Magdalena: primera evangelizadora», 114.

[31] Muy oportuno encuentro el análisis de la teóloga P. Aquino, «Una vida en estado de justicia», en: *Cristianismo y Liberación. Homenaje a Casiano Floristán* (Madrid: Trotta, 1996), 141-158. Afirma esta teóloga mexicana: «La igualdad entre mujeres y varones se proclama con afinidad de malabarismos conceptuales, pero en realidad vivimos en una Iglesia profundamente desigual. Vivimos en una Iglesia contraria a una vida en estado de justicia», 127.

[32] En 1976 la Congregación para la Doctrina de la Fe publica la declaración *Inter insigniores*, que es la primera toma de posición explícita con respecto a la cuestión de la ordenación de las mujeres, en donde se afirma que la Iglesia «no se considera autorizada para admitir a las mujeres a la

Que sea impensable que alguna vez eso llegue a darse es ir muy lejos.

No sería la primera vez que un papa deshace lo que otro había dado por cerrado[33]. La carta apostólica *Ordinatio sacerdotalis* no fue hablar *ex cathedra*.

Como ha afirmado recientemente la teóloga Cristina Inogés:

> quienes se aferran a esta idea, y lo hacen de forma tan rígida, persistente, y excluyente, lo único que consiguen es mostrar el rostro de una Iglesia poco acogedora, poco dialogante, poco oyente. [...] Cuando escucho esas formas y modos no puedo menos que preguntarme. [...] ¿Hasta qué punto esas actitudes no son, en realidad, una forma de señalarle el camino al Espíritu? ¿No se está intentando limitar la libertad del Espíritu en el bautismo y a lo largo de la vida[34]?

En tercer lugar, que se afronten y resuelvan los casos de discriminación laboral y de inicua remuneración en el interior de la Iglesia, en particular en lo concerniente

ordenación sacerdotal». Esta misma enseñanza fue retomada por san Juan Pablo II: en 1988 a través de la carta apostólica *Mulieris dignitatem*; en 1994 con *Ordinatio sacerdotalis*; en 1998 con *Ad tuemdam fidem*, que se impone a los teólogos el deber de observar esta enseñanza, bajo la pena de sanciones canónicas.

[33] Un ejemplo reciente está relacionado con el documento de Pío XII «*Sacra Virginitas*» de 1954, en el cual el Papa entendía definir como verdad revelada la superioridad de la virginidad y del celibato sobre el estado matrimonial. Treinta años después, san Juan Pablo II en una Audiencia general del 14 de abril de 1982 afirmó que no había motivo de sostener que el matrimonio fuese inferior a la virginidad y al celibato, en cuanto entre ambos estados de vida encuentran cumplimiento perfecto en la plenitud del don de sí en el amor. Y esta enseñanza ha sido retomada y confirmada por el papa Francisco en la exhortación *Amoris laetitia* en los n.os 159-160.

[34] C. Inogés Sanz, «Los ministerios instituidos y la posibilidad de ordenar mujeres al diaconado. ¿Qué caminos futuros?», *Phase* 64 (2024), 487-499, aquí 499.

a las consagradas que, con mucha frecuencia, son consideradas como mano de obra barata.

En cuarto lugar, es necesario ampliar el acceso de las mujeres a los programas de formación y a los estudios teológicos. Que las mujeres accedan a los programas de enseñanza y formación de los seminarios para favorecer una mejor formación para el ministerio ordenado.

En quinto lugar, que los textos litúrgicos y los documentos de la Iglesia estén más atentos al uso de un lenguaje que tenga en cuenta por igual a los hombres y las mujeres, así como a la incorporación de una gama de palabras, imágenes y recapitulaciones que toquen con más vitalidad la experiencia femenina.

4. Comunidad y ministerios

Cuando nos adentramos en el tema de los ministerios, hay que plantearse la pregunta central: ¿lo primero y fundamental en la Iglesia son los ministerios o la Comunidad?, ¿pueden surgir ministerios cuando nuestras parroquias no han llegado a ser de verdad comunidad de comunidades?, ¿pueden darse nuevos ministerios en una Iglesia donde aún no se ha superado el modelo de cristiandad en el que aún vivimos?

Los ministerios son dones de Dios, como derivación y participación del poder del Resucitado y su Espíritu, actuantes en la comunidad, y no como derivados de la decisión mayoritaria del pueblo creyente[35]. Es un carisma

---

[35] Para el tema de los ministerios envío a los siguientes estudios: A. J. de Almeida, *Los nuevos ministerios. Vocación, carisma y servicio en la comunidad* (Barcelona: Herder, 2015), especialmente 85-113; íd., «La teología

ligado a un encargo, a una misión en la comunidad. Y lo primero y fundamental en la Iglesia no es el ministerio, sino la Comunidad. La razón de ser del ministerio consiste precisamente en ser servicio en la comunidad y para la comunidad de creyentes.

El lugar primario de comprensión y realización de todos los ministerios es la comunidad cristiana real, desde su concreción más local e inmediata hasta sus dimensiones más universales.

En esta línea hacemos nuestra esta idea de Edward Schillebeeckx:

> La dimensión eclesial es elemento determinante para la ordenación o institución ministerial (esto durante el Primer Milenio). Por el contrario, en el Segundo Milenio la referencia del ministerio a la comunidad se va perdiendo, al centrarse ahora la atención en la referencia a Cristo que actúa directamente en el candidato, sin mediación comunitaria[36].

En el período posconciliar debemos mucho a las aportaciones de san Pablo VI en su carta apostólica *Ministeria quaedam*, en donde se habla de los ministerios de los laicos cuando afirma que «los ministerios pueden con-

del pueblo de Dios y una nueva comprensión de los ministerios. Los horizontes abiertos por el Concilio Vaticano II», en *El laicado en una Iglesia sinodal. Corresponsabilidad, participación y misión*, ed. por C. Kuzma (Madrid: San Pablo, 2024), 41-77; J. M. Castillo, *Para comprender los ministerios de la Iglesia* (Estella: Verbo Divino, 2002); J. A. Estrada, «Ministerios», en íd., *10 palabras clave sobre la Iglesia* (Estella: Verbo Divino, 2003), 155-193; C. Mª Galli, *El Espíritu Santo y nosotros* (Santander: Sal Terrae, 2024), especialmente 409-441; F Robles Bohórquez, *Nuevos ministerios en la Iglesia. Hacer de la necesidad virtud* (Madrid: San Pablo, 2019).

[36] Citado por J. Lois, «Hacia una eclesiología total», en Instituto Superior de Pastoral, *Hablan los laicos. XVII Semana de Teología Pastoral* (Estella: Verbo Divino, 2006), 121-173, aquí 150-151.

fiarse a los laicos de tal forma que no sigan estando reservados a los candidatos al sacramento del orden».

En la exhortación *Evangelii Nuntiandi* de 1975, Pablo VI nos recuerda que los seglares, en primer lugar, tienen como vocación específica la evangelización en medio del corazón del mundo en todos los ámbitos y ambientes (EN, 70). Y a su vez añade:

> Los laicos pueden ser llamados a colaborar con los pastores para el servicio de la comunidad eclesial, ejerciendo ministerios y funciones muy diversas. Tales ministerios y de la Iglesia particular debe fomentarlos y saber discernir su oportunidad y necesidad (EN, 73).

Viendo la realidad de muchas parroquias, en relación a los ministerios laicales, ¿es solamente provisional? ¿Es mera suplencia? ¿Qué ocurriría si en una diócesis se ordenaran cien sacerdotes en un año? ¿Se contaría de verdad con los laicos? ¿Dejamos a los laicos espacio porque no hay sacerdotes? ¿Por qué no pensar en una reorganización más audaz de los ministerios eclesiales, creando verdaderos y propios oficios que han de darse a los laicos de forma estable y con responsabilidad propia y no simplemente como suplencia?

Creemos que le renovada teología del laicado promovida por el Vaticano II ha fomentado la participación de los laicos en la vida de la comunidad parroquial, pero apenas ha modificado su estructura tridentina. El clero sigue siendo el protagonista absoluto que acapara todas las funciones y la toma de decisiones, de tal forma que la actividad de los laicos depende de su tolerancia y apertura. Hay que reconocer que la potenciación de los laicos y de los ministerios laicales se ha debido más a la escasez del clero que a una verdadera renovación de la Iglesia.

Ante esta situación, ¿deberemos plantearnos lo que Moltmann decía al afirmar que, cuando una comunidad impide crecer en la fe y en la propia vida comunitaria, es lícito apartarse de ella? Sería una gran pena llegar a este punto. Por lo tanto, no juguemos con el lugar de los laicos en la Iglesia porque, en definitiva, estamos jugando con la libertad del Espíritu.

Desde esta etapa sinodal que hemos vivido, parecía que el 2021 era un año de esos que pasarían a la historia de la Iglesia como un año de avances y cambios. A la hora de la verdad prácticamente no ha pasado nada, no ha cambiado nada. Las causas son varias.

Por una parte, las autoridades eclesiásticas no han mostrado mucho entusiasmo con la posibilidad de la institución de los ministerios de lectores, acólitos y catequistas, que son ministerios laicales. Esto ha hecho que no haya mucha información en la mayoría de las diócesis y que, cuando se habla de ellos, se haga de manera que no invita a interesarse por los mismos[37].

Por otra, los laicos, siempre acostumbrados a que se lo den todo hecho, tampoco han mostrado mucho interés por averiguar qué son, en qué consisten, qué conlleva la institución de esos ministerios.

Señaladas las dos cuestiones clave, hay otras, no menores, que también han influido e influyen en la falta de entusiasmo.

---

[37] Aquí seguimos las aportaciones de Cristina Inogés Sanz, «Los ministerios instituidos y la posibilidad de ordenar mujeres al diaconado», especialmente 491-492.

Por un lado, está la facilidad con la que la jerarquía puede llegar a clericalizar a cualquier laico o laica que se adentre en el proceso de prepararse para ejercer algunos ministerios. Aquí Cristina Inogés pone el siguiente ejemplo.

Un número de personas se presentan ante el obispo para ser instituidos catequistas. El obispo les dice que, ya que se van a instituir como catequistas, lo hagan también de acólitos y lectores, porque —y ahora viene lo triste y peligroso— teniendo los tres ministerios, serán «alguien» en la comunidad.

Hacer creer que se es alguien por la cantidad de ministerios en los que uno puede ser instituido es, claramente, clericalizar a la persona y ayudar a mantener en una minoría de edad permanente a la comunidad.

Esto se puede hacer porque la comunidad, la gran base del Pueblo de Dios, adolece de una gran falta de formación que no la hace consciente de sus derechos bautismales ni del mínimo de respeto que les debe la jerarquía eclesiástica.

Y hay otra cuestión a tener en cuenta. Al vivir en una Iglesia que, pese a todo, mantiene esa estructura piramidal, muchos laicos muestran un cierto miedo a entrar —aunque el ministerio del acolitado, el del lectorado y el ministerio del catequista sean propiamente laicales— en esta forma de estructura.

No es un miedo vacío de sentido. La falta de autonomía de los laicos supone, para muchos de ellos, un gran peso a la hora de decidirse por dar el paso hacia uno de esos ministerios. Y es una pena tener que hablar de miedo en la Iglesia.

Conclusión

La novedad y la propuesta del papa Francisco es la reivindicación del bautismo como base y fundamento de la
Iglesia. El bautismo (no el ministerio ordenado) debe ser
la clave o el ángulo desde el que se debe vivir, pensar y
realizar la Iglesia. En ello se juega el futuro y la figura de
la institución.

El bautismo es la celebración del acontecimiento sal-
vífico por antonomasia (el misterio pascual), que garantiza la participación en la comunión trinitaria. En el
bautismo se fundamenta la igualdad y la dignidad de
todos los miembros de la Iglesia, que los convierten
a todos en portadores de la identidad y de la misión de
la Iglesia. No olvidemos que todos somos Iglesia. En
consecuencia, los laicos no deben ser considerados «man-
daderos» de los pastores, pues tampoco estos tienen las
respuestas previstas y garantizadas para las opciones que
los laicos deben asumir en su vida privada o en su presencia pública.

En esta línea deseo hacer mías las palabras que dirigió
el papa Francisco al cardenal Quellet, el 19 de marzo de
2016:

Mirar al Pueblo de Dios es recordar que todos ingresamos a
la Iglesia como laicos. El primer sacramento, el que sella para
siempre nuestra identidad y del que tendríamos que estar
orgullosos es el del Bautismo. Por él y con la unción del Espíritu [los fieles] quedan consagrados como casa espiritual un
sacerdocio santo (LG 10). Nuestra primera y fundamental
consagración hunde sus raíces en nuestro bautismo. A nadie
han bautizado cura, ni obispo. Nos han bautizado laicos y es
el signo indeleble que jamás nadie podrá eliminar. Nos hace
bien recordar que la Iglesia no es una élite de los sacerdotes,

de los consagrados, de los obispos, sino que todos forman parte del Santo Pueblo de Dios.

Si estas palabras se hicieran realidad en la Iglesia, en nuestras parroquias y nuestros movimientos, sería signo de que vamos entendiendo y viviendo la sinodalidad.

Los pobres ha sido uno de los desafíos que nos hemos propuesto en esta Semana de Teología Pastoral. Sin duda ha de ser el principal desafío en la Iglesia sinodal que queremos construir. Ellos tienen mucho que enseñarnos. Es necesario que todos nos dejemos evangelizar por ellos. La nueva evangelización es una invitación a reconocer la fuerza salvífica de sus vidas y a ponerlos en el centro del camino de la Iglesia. Estamos llamados a ser sus amigos, a escucharlos, y a recoger la misteriosa sabiduría que Dios quiere comunicarnos a través de ellos. En esta línea deseo citar dos pensamientos del sacerdote italiano don Primo Mazzolari:

> Quisiera pedirles que no me pregunten si hay pobres, quiénes y cuántos son, porque temo que tales preguntas representan una distracción o el pretexto para apartarse de una indicación precisa de la conciencia y del corazón [...] Nunca he contado a los pobres, porque no se pueden contar: a los pobres se les abraza, no se les cuenta[38].

El segundo pensamiento de Mazzolari viene citado también por el papa Francisco en su autobiografía publicada recientemente: «El pobre es una protesta continua

---

[38] Citado por el papa Francisco en la V Jornada Mundial de los pobres, el 14 de noviembre de 2021.

contra nuestras injusticias; el pobre es un polvorín. Si lo prendes, el mundo estalla»[39].

Finalmente, recordar que el Vaticano II ha sido el arranque providencial del proceso que lleva hoy a la puesta en marcha del camino sinodal convocado por Francisco.

Tal vez lo que estamos llamados a vivir es el acontecimiento eclesial más importante y más decisivo estratégicamente desde el Vaticano hasta hoy, porque constituye la expresión más genuina y desafiante de la eclesiología del Vaticano II[40].

[39] Francisco, *Francisco. La autobiografía* (Barcelona: Random House, 2025), 25.

[40] P. Coda, «Actitudes que aprender y cuestiones de método», en: card. M. Grech, D. Keramidas, S. Nun *et al.*, *Una Iglesia que discierne* (Madrid: Ciudad Nueva, 2022), 29-54, aquí 31.

II
MESAS REDONDAS

Aportaciones que
se han hecho al Sínodo

Desde las parroquias:

Miguel Ángel González Sáiz

PÁRROCO DE LA DIÓCESIS DE CORIA-CÁCERES
CONSILIARIO DIOCESANO DE LA HOAC
DELEGADO EPISCOPAL DE PASTORAL OBRERA

«¿Desde dónde» te sitúas ante el Sínodo, antes de participar activamente en el mismo, desde un punto de vista personal (ilusiones, temores, expectativas)?

Todo comenzó en agosto de 2021. El Vicario General, en nombre del Colegio de Consultores, me hace la propuesta de que habían pensado en mi para ser referente sinodal de la diócesis. La petición me causó sorpresa pues en la diócesis no había oído hablar de la convocatoria del Sínodo. Reaccioné diciéndole que ya sabía que yo estaba al servicio de la diócesis y que si creían que yo era el idóneo que aceptaba. La propuesta me ilusionó, pues había sido miembro de la comisión diocesana de dos sínodos diocesanos: el XIII (1984-1987) y el XIV (2014-2017). En cuanto llegué a Cáceres me informé del tema y me puse en marcha, formando una secretaria diocesana con seis laicos.

Me preocupaba qué respuesta íbamos a tener al convocar a la participación, pues la diócesis estaba decepcionada y desilusionada pues, antes de que se iniciara la implementación de los acuerdos del Sínodo diocesano XIV, nos habíamos quedado sin obispo desde hacía casi dos años. El malestar era generalizado por el retraso en el nombramiento de un nuevo pastor. La reacción no se hizo esperar: ¿cómo se nos ocurría convocar a un nuevo proceso sinodal, tras no haber dejado morir las ilusiones que despertó el XIV sínodo diocesano? A pesar de lo cual nos pusimos en marcha.

¿Qué aportaciones «desde la base» habéis canalizado hacia la secretaría y cómo ha sido el procedimiento de deliberación y formulación de las propuestas?

Invitamos a participar en la fase diocesana a cualquier persona creyente o no que quisiera hacerlo. Elaboramos una ficha de trabajo para facilitar la participación. Las personas podían mandar sus respuestas a la parroquia, a la secretaria diocesana del Sínodo, o a la secretaria general de Roma si no se fiaban de que sus propuestas fuesen atendidas.

Una vez recogidas las propuestas de los participantes, se dio el mismo valor a las procedentes del clero, de la vida consagrada, de los laicos, de los creyentes y de los no creyentes que se animaron a colaborar. La secretaria del Sínodo redactó una síntesis, sin dejar atrás ninguna propuesta, como exigía el vademécum, e intentando conciliar las propuestas para facilitar el consenso. Una vez aprobadas por los participantes y tras un amplio diálogo, se pidió al recién nombrado nuevo obispo su visto bueno para ser enviadas a la Conferencia Episcopal Española.

Se elaboró un documento con **dos constataciones** y **13 propuestas**, que intento resumir:

La **primera constatación**: la sorpresa de los participantes al ser invitados a caminar juntos y a poder expresar abiertamente lo que pensaban, lo que calificaron de buen comienzo esperanzador.

La **segunda constatación**: nos cuesta caminar juntos, estamos demasiado cerrados en nuestras cosas, los sacerdotes y los laicos están desanimados por la no aplicación de las propuestas del XIV Sínodo diocesano. La edad avanzada, la falta de conciencia de pertenencia y la escasa implicación de los sacerdotes en el proceso sinodal dificulta la participación de los laicos.

Las propuestas:

1. La urgencia de volver a las fuentes, a la praxis de Jesús. Recuperar la participación activa y corresponsable en la vida y misión evangelizadora de la Iglesia; la conciencia de pertenencia; la alegría de ser cristianos, perder el miedo a hablar claro, a decir lo que pensamos con valentía, pero con respeto a los demás; para cambiar la pastoral de conservación por una pastoral de evangelización, de misión.

2. Que la escucha es una asignatura pendiente en nuestra Iglesia local y universal, tenemos que crecer en capacidad de escuchar... Debemos ser acogedores, estando cercanos y atentos a las personas, de forma especial a los excluidos, a los necesitados, marginados, alejados de la Iglesia, migrantes, refugiados, personas con discapacidad... y una preocupación especial por la ausencia de los jóvenes.

3. La urgencia de potenciar el sentido comunitario, clave en nuestra vida cristiana y la conciencia de que somos pueblo de Dios que camina con los demás. Trabajando por el bien común. Hay que reforzar e impulsar los órganos de participación parroquial y diocesano para que las decisiones se tomen entre todos.

4. La celebración de la Eucaristía es imprescindible para caminar juntos, nos da paz interior, nos ayuda a sentirnos unidos a la Iglesia, a tener un sentido de comunidad... Es necesario revisar nuestras celebraciones: cambiar gestos,

lenguaje (más claro y actualizado) para que dejen de ser tan ritualistas. Tienen que ser mucho más cercanas, vivas, alegres, acogedoras, participadas, preparadas... con espacios para la participación espontánea, la música, los silencios, los elementos digitales. Que no sean largas ni pesadas, homilías breves y concretas. Las celebraciones diocesanas son ritualistas, con símbolos y gestos que subrayan lo clerical sobre lo comunitario y en ciertos momentos son contra signos del Jesús pobre y humilde.

5. La participación en la vida social es una asignatura pendiente en nuestras comunidades como aprobamos en el XIV Sínodo diocesano. Debemos implicarnos en los barrios y pueblos donde nos encontramos. Hay que impulsar la formación y la Escuela de Doctrina Social de la Iglesia.

6. Las comunidades parroquiales y los movimientos apostólicos deben ser escuela de comunión, encuentro y testimonio de una Iglesia en salida y misionera. Hay que potenciar el trabajo en equipo y la colaboración con las otras diócesis de la Provincia Eclesiástica. La importancia de los distintos ministerios laicales y del diaconado permanente.

7. La importancia de dar a conocer lo que somos y hacemos. Tanto al interior como hacia fuera, con transparencia pastoral, económica..., utilizando los medios de comunicación a nuestro alcance y las redes sociales. Nos sentimos dolidos por los prejuicios y etiquetas de los medios de comunicación que resaltan lo negativo.

8. Afrontar el tema de la religiosidad popular, purificándola desde el Evangelio y el seguimiento de Jesús de Nazaret. Cuidando las tradiciones e inculturándolas en los más jóvenes. Realizando con paciencia y sensibilidad un plan de formación pastoral con las hermandades.

9. El ejercicio de la autoridad es piramidal y dominante. Es urgente desarrollar una autoridad sinodal, corresponsable, participativa, dialogante.

10. La vida religiosa: aunque la integración de la vida religiosa en la Iglesia local es muy diversa, se echa de menos su

presencia e implicación en las comunidades parroquiales y en los órganos de participación. Los religiosos y las religiosas de inserción comparten con los sacerdotes y los laicos la acción pastoral en los pueblos y arciprestazgos donde residen. Hay que crear cauces de comunión para superar la distancia entre la vida religiosa y la Iglesia local.

11. Tener en cuenta a toda la humanidad:
    Todas las personas son dignas de atención y escucha, sin importar raza, sexo, orientaciones sexuales, religión... Abrirse a la diversidad fortalecería a la Iglesia.
    Revisar el protagonismo de la mujer en la Iglesia teniendo en cuenta sus aportaciones, con acceso a cargos de responsabilidad y al Ministerio ordenado.
    Ordenación de hombres casados, celibato opcional...
    Responder y acoger pastoralmente la situación de creyentes con diferente identidad y orientación sexual, divorciados vueltos a casar, sacerdotes secularizados, distintos modelos de familia...

12. La necesidad de formarnos en sinodalidad, porque la sinodalidad forma parte de la esencia de la Iglesia y tenemos que convertirnos en una Iglesia sinodal que vive en comunión y aprende a caminar con los demás.
    Algunos expresan su preocupación por la formación de nuestros seminaristas, porque en la actualidad, al margen de la formación recibida, desempeñan un planteamiento cultual del ministerio.

13. Las relaciones ecuménicas e interconfesionales
    En nuestras parroquias hay poco diálogo ecuménico e interreligioso. Tenemos dificultades para dialogar con los cristianos evangélicos y creyentes de otras religiones que viven en nuestras parroquias. Hay escasez de prácticas ecuménicas en nuestras comunidades.
    Abordar el tema del diálogo ecuménico e interreligioso.

¿Qué poso ha dejado en ti personalmente haber participado en el itinerario sinodal y qué piensas de sus efectos prácticos?

Tras estos tres años de trabajo en el que en nuestra parroquia no hemos dejado de estar activos, nuestra comunidad se ha sentido fortalecida, ha crecido la conciencia de pertenencia, de vida comunitaria y la necesidad de hacernos presentes en la vida de la diócesis y en la sociedad civil de nuestro entorno. Da alegría reconocerse en todos y en cada uno de los documentos que se han generado en el proceso sinodal y, cómo no, en el Documento final, sintiéndolos como propios. Ahora estamos leyendo comunitariamente el Documento final con la perspectiva de ver qué llamadas nos hace el mismo, en qué tendríamos que cambiar y qué habría que poner en marcha para el futuro en nuestra comunidad y en nuestra Iglesia local.

Personalmente me ha marcado mi participación en el Encuentro Internacional de Párrocos, para el que fui elegido por la Conferencia Episcopal Española para representar a los párrocos españoles. Se celebró del 29 de abril al 2 de mayo de 2024. 195 párrocos de 99 países nos reunimos en Sacrofano, Roma, convocados por la Secretaria General del Sínodo y el Dicasterio para el Clero, junto con el Dicasterio para la Evangelización y el Dicasterio para las Iglesias Orientales. Se trató de un encuentro de escucha, oración y discernimiento, para reflexionar, compartir y discernir «Cómo ser una Iglesia local sinodal en misión». Los objetivos de este encuentro eran escuchar y valorar la experiencia sinodal que estamos viviendo los párrocos en nuestras respectivas parroquias y diócesis; hacer posible el diálogo y el intercambio de experiencias, ideas, historias parroquiales que cada uno de nosotros vivimos en nuestras comunidades parroquiales y aportar materiales que se utilizarán en la redacción del *Instrumentum laboris* para la Segunda Sesión de la Asamblea del Sínodo de los Obispos (octubre 2024).

El encuentro que vivimos tuvo dos momentos: el Primero en Sacrofano (del 29 de abril al 1 de mayo). Pusimos en práctica el método de la conversación en el Espíritu, que tan buenos frutos produjo en la primera sesión sinodal de octubre del 2023. Los días fueron emocionalmente intensos y pudimos comprobar la grandeza de eso que llamamos «catolicidad» a través de la pluralidad de rasgos en los rostros, de lenguas, de culturas y de situaciones eclesiales diversas, que nos hablan de la rica diversidad eclesial que tenemos que saber aceptar para crecer en comunión y aprender a caminar juntos. Días de profunda espiritualidad, en la oración comunitaria, personal y en la centralidad de la Celebración Eucarística. Días de profundo diálogo, de escucha, de compartir las historias de nuestras comunidades parroquiales. Fuimos capaces de vivir la fraternidad sacerdotal, aunque procedíamos de lugares y realidades eclesiales muy diferentes. Nos comprendimos y descubrimos que vivimos problemas y situaciones comunes. La experiencia fue tan intensa y emocionante que nos sentimos queridos como verdaderos hermanos generándose entre nosotros una verdadera relación de amor y de amistad que nos ha dado la fuerza para comprender la necesidad que tenemos de generar comunidades parroquiales sinodales e iglesias locales que apuesten por vivir la sinodalidad.

El segundo momento fue en Roma en el Vaticano (2 de mayo): con un encuentro-diálogo con el Santo Padre, en el que el papa Francisco firmó una carta dirigida a todos los párrocos del mundo en la que nos dice:

La Iglesia no podría ir adelante sin vuestro compromiso y servicio [...] Por eso quiero ante todo expresar mi gratitud y estima por el generoso trabajo que ustedes hacen cada día, sembrando el Evangelio en todo tipo de terreno [...]. Una Iglesia sinodal necesita a sus párrocos; sin ellos nunca podremos aprender a caminar juntos, nunca podremos recorrer ese camino de la sinodalidad que «es el camino que Dios espera de la Iglesia del tercer milenio» [...] Si las parroquias no son sinodales y misioneras, tampoco lo será la Iglesia [...] Como pastores, estamos llamados a acompañar en este itinerario a las comunidades que servimos [...] Como párrocos los exhorto a acoger esta llamada del Señor a ser constructores de una Iglesia sinodal misionera y a comprometerse con entusiasmo en este camino.

El papa Francisco nos exhorta a todos los párrocos del mundo a vivir nuestro carisma ministerial específico, a practicar el arte del discernimiento comunitario y a vivir la fraternidad entre los párrocos y con nuestros obispos. Y a los que habíamos participado en este encuentro internacional nos ha enviado a nuestras parroquias, a nuestras iglesias locales como misioneros de la sinodalidad. Para que digamos a nuestras Conferencias Episcopales, a nuestros obispos y a nuestros compañeros párrocos que esta es una misión que él personalmente nos ha encomendado: ser misioneros de la sinodalidad.

Para terminar expreso mi confianza en que este proceso sinodal con el tiempo podrá cambiar la vida de la Iglesia. Estamos ante un momento importante en la vida de la Iglesia para acelerar la implantación del Concilio Vaticano II. No soy iluso y sé que no estamos exentos de presiones y tensiones de los que no quieren que esto sea una realidad. Este momento es un momento procesual, que necesita de la participación ilusionada y esperanzada de todos nosotros para que llegue a ser una realidad en el futuro. Si nosotros no nos implicamos estaremos apoyando a todos los que se oponen a que la Iglesia viva un camino de igualdad, de comunión, de participación, para cumplir con nuestra misión de evangelizar.

La sinodalidad: el principal legado del papa Francisco a la Iglesia y al mundo

Xiskya Valladares rpm

Introducción

Tuve la oportunidad de comprender en profundidad qué significa verdaderamente la sinodalidad en los meses de octubre de 2023 y 2024. Y esto fue gracias a que fui nombrada por el Papa como miembro del Sínodo. Por lo que pude participar en las dos asambleas que, en mi opinión, marcarán una etapa histórica en la vida de la Iglesia. Esta experiencia no solo fue una bendición personal, sino también un aprendizaje por inmersión donde pude experimentar de cerca el proceso de discernimiento eclesial que el papa Francisco impulsó con valentía y determinación.

Hoy, aunque Francisco ya no está entre nosotros, confío en que su legado de sinodalidad permanecerá como una huella irreversible en la historia de la Iglesia. Su apuesta por una Iglesia en camino, donde todos los bautizados tienen voz y responsabilidad en la misión común, constituye uno de los principales aportes no solo para la Iglesia católica, sino también para el mundo contemporáneo, necesitado de nuevos modelos de participación, escucha y corresponsabilidad.

1. La sinodalidad en el magisterio del papa Francisco

Desde el inicio de su pontificado en 2013, el papa Francisco mostró un interés explícito por una reforma eclesial basada en la recuperación del principio de sinodalidad. En su discurso conmemorativo por el 50.º aniversario de la Institución del Sínodo de los Obispos, Francisco afirmó que «el camino de la sinodalidad es el camino que Dios espera de la Iglesia del tercer milenio»[1].

No se trataba de una simple reforma administrativa o estructural, sino de un cambio de paradigma que afectaba la autocomprensión misma de la Iglesia. La sinodalidad, entendida como el «caminar juntos» del Pueblo de Dios[2], representaba para Francisco una expresión concreta de la naturaleza misionera y comunional de la Iglesia, en continuidad con el Concilio Vaticano II.

2. Un legado irreversible: de las palabras a los hechos

El papa Francisco no se limitó a proponer teóricamente la sinodalidad: la hizo práctica en la vida eclesial. En 2021

[1] Francisco, *Discurso con motivo del 50.º aniversario de la institución del Sínodo de los Obispos*, 17 de octubre de 2015.

[2] Comisión Teológica Internacional, *La sinodalidad en la vida y en la misión de la Iglesia* (2018), 6.

convocó el proceso sinodal que culminaría en dos asambleas generales del Sínodo de los Obispos (2023 y 2024), bajo el lema: «Por una Iglesia sinodal: comunión, participación y misión»[3].

Este proceso fue inédito en su amplitud y metodología, pues involucró consultas en todos los niveles de la Iglesia, desde parroquias hasta conferencias episcopales, congregaciones religiosas y movimientos laicales. Francisco quiso que todo el Pueblo de Dios fuera verdaderamente escuchado, incluyendo a quienes a menudo han sido marginados: mujeres, jóvenes, pobres, migrantes y otras periferias existenciales[4]. Incluso a través de las redes sociales mediante lo que se llamó el «Sínodo digital» organizado por el grupo La Iglesia te escucha[5]. Otras de las novedades que introdujo fue la participación con voz y voto de laicos (hombres y mujeres) y sacerdotes en un Sínodo de obispos; y el método de la conversación en el Espíritu para discernir en mesas redondas las grandes preguntas que planteaban los dos *Instrumentum laboris*.

3. Las claves fundamentales de la sinodalidad

A lo largo de sus años de pontificado, el papa Francisco insistió en varias claves esenciales para entender y vivir la sinodalidad:

[3] Secretaría General del Sínodo, *Documento Preparatorio*, 2021.

[4] Francisco, *Evangelii Gaudium* (2013), 198-200.

[5] https://www.vaticannews.va/es/iglesia/news/2023-02/sinodo-digital-asia-asamblea-continental-jeffrey-segov.html; https://www.humandevelopment.va/es/news/2024/la-missione-digitale-della-chiesa-ri-parte-dal-sinodo.html

a) **Escucha activa:** no se trata simplemente de oír opiniones, sino de entrar en un proceso espiritual de escucha recíproca bajo la guía del Espíritu Santo[6].

b) **Discernimiento comunitario:** la sinodalidad implica un discernimiento que no es fruto de una mayoría sociológica, sino de una búsqueda común de la voluntad de Dios[7].

c) **Participación de todos:** cada bautizado, en virtud de su dignidad cristiana, tiene el derecho y el deber de participar activamente en la vida y la misión de la Iglesia[8].

d) **Superación del clericalismo:** la sinodalidad supone desmontar toda forma de clericalismo, promoviendo una Iglesia verdaderamente corresponsable[9].

e) **Orientación misionera:** no es un fin en sí misma, sino un medio para impulsar la evangelización en el mundo contemporáneo[10].

Estas claves, integradas en el magisterio de Francisco, han modelado un nuevo modo de ser Iglesia que va convirtiéndose poco a poco en una cultura sinodal.

4. Impacto en la Iglesia Universal

El impacto de la sinodalidad en la Iglesia es profundo y estructural. No se trata únicamente de una renovación

---

[6] Secretaría General del Sínodo, *Instrumentum Laboris* (2023), parte I, 2.

[7] Ibíd., parte II, 4.

[8] Francisco, *Evangelii Gaudium*, 120.

[9] Francisco, *Carta al Pueblo de Dios* (2018).

[10] Francisco, *Evangelii Gaudium*, 20.

en las formas, sino de un cambio de fondo en la manera de concebir la Iglesia, sus relaciones internas y su presencia en el mundo. El proceso sinodal impulsado por el papa Francisco ha transformado dinámicas eclesiales ancladas durante siglos en modelos piramidales, promoviendo en su lugar una lógica de comunión, corresponsabilidad y misión compartida[11].

a) Mayor protagonismo de los laicos

La sinodalidad ha abierto nuevos espacios de participación real para los laicos, quienes ya no son vistos solo como «receptores» de decisiones tomadas por el clero, sino como sujetos activos en el discernimiento y la misión. Esto responde directamente a la eclesiología del Vaticano II, que definió a la Iglesia como *Pueblo de Dios*, donde todos los bautizados comparten igual dignidad y responsabilidad evangelizadora[12].

El papa Francisco ha reafirmado esta visión al afirmar que «el Sínodo no es un parlamento ni una encuesta de opiniones, sino un momento eclesial cuyo protagonista es el Espíritu Santo»[13]. En este contexto, los laicos no son espectadores, sino colaboradores activos en la búsqueda común de la voluntad de Dios.

b) Inclusión activa de las mujeres

Uno de los cambios más significativos ha sido la mayor inclusión de mujeres con derecho a voto en la asamblea

---

[11] Comisión Teológica Internacional, *La sinodalidad en la vida y en la misión de la Iglesia*, Vaticano (2018), 6.

[12] Concilio Vaticano II, *Lumen Gentium*, 9.

[13] Francisco, *Discurso en la apertura del Sínodo sobre la sinodalidad*, 4 de octubre de 2023.

sinodal, algo inédito en la historia del Sínodo de los Obispos[14]. Este gesto tiene un fuerte valor simbólico, pero también práctico, al abrir la puerta a una reflexión más seria y concreta sobre el liderazgo femenino en la Iglesia. La participación de mujeres teólogas, pastoralistas y religiosas ha enriquecido los trabajos sinodales y ha dejado en evidencia la necesidad de revisar estructuras que históricamente han limitado su presencia en ámbitos de decisión.

c) Reformas estructurales

La sinodalidad también ha inspirado reformas institucionales como la constitución apostólica *Praedicate Evangelium* (2022), que reorganiza la Curia Romana bajo el principio de servicio a las Iglesias locales y acentúa la dimensión misionera de la Iglesia[15]. A nivel diocesano, se han reactivado consejos pastorales y estructuras de discernimiento participativo, fomentando una mayor horizontalidad y descentralización.

d) Celebración de la diversidad

Francisco ha enfatizado que la verdadera unidad eclesial no exige uniformidad, sino comunión en la diversidad. En el proceso sinodal se ha valorado la pluralidad de culturas, sensibilidades pastorales y realidades sociales como una riqueza y no como un obstáculo[16]. Esto ha permitido que las Iglesias del Sur global y las comunida-

---

[14] Secretaría General del Sínodo, *Relación de Síntesis* (2023), parte I, 8.

[15] Francisco, *Praedicate Evangelium*, Constitución Apostólica sobre la Curia Romana (2022), Preámbulo.

[16] Francisco, *Fratelli Tutti* (2020), 100.

des periféricas tengan una voz más visible en la configuración del rostro de la Iglesia.

5. Una propuesta para el mundo

Más allá del ámbito interno de la Iglesia, la sinodalidad ofrece una propuesta audaz para el mundo contemporáneo, profundamente necesitado de escucha, diálogo y procesos participativos. En tiempos de polarización política, crisis institucional y fragmentación cultural, el modelo sinodal se presenta como alternativa social y antropológica.

a) Cultura del encuentro

La sinodalidad responde a lo que el papa Francisco ha llamado «la cultura del encuentro», una propuesta para construir sociedades basadas en el respeto, la inclusión y la apertura al otro[17]. Esta cultura implica abandonar el individualismo agresivo y generar espacios donde todas las voces puedan ser escuchadas con dignidad.

b) Escucha como principio social

La sinodalidad propone la escucha no solo como método, sino como actitud ética y política. En contraste con los modelos dominados por la imposición o la propaganda, el discernimiento comunitario —clave del proceso sinodal— puede ser un paradigma aplicable a la deliberación social y política[18]. Esta propuesta interpela profunda-

---

[17] Francisco, *Evangelii Gaudium* (2013), 220.
[18] Íd., 239.

mente a las democracias modernas, muchas de las cuales atraviesan crisis de representatividad y legitimidad.

c) Inclusión frente a la exclusión

El papa ha subrayado que «la sinodalidad es el camino para una Iglesia inclusiva»[19]. Esta lógica también puede inspirar transformaciones fuera de la Iglesia: sociedades más hospitalarias con los migrantes, políticas más centradas en el bien común y economías más solidarias. La sinodalidad, en su dimensión profética, cuestiona los sistemas que perpetúan la desigualdad y el descarte humano.

d) Una esperanza humanizadora

La propuesta sinodal ofrece una visión esperanzadora y profundamente humanizadora: la persona como ser en relación, capaz de dialogar, compartir y construir comunidad. En un mundo herido por la soledad, el aislamiento y la competencia sin límites, esta visión tiene un enorme potencial liberador[20].

6. Desafíos y futuro

A pesar de su riqueza, la sinodalidad enfrenta desafíos importantes en su recepción y aplicación. Se trata de un proceso largo, que implica cambios en las estructuras, en los hábitos y en las mentalidades eclesiales.

---

[19] Francisco, *Discurso en la apertura del Sínodo de los Obispos* (2021).
[20] Comisión Teológica Internacional, *La sinodalidad*, 43.

a) Resistencias internas

Persisten resistencias culturales y teológicas, especialmente en sectores que interpretan la sinodalidad como una forma de relativismo doctrinal o como una amenaza al principio de autoridad. Algunos temen que el ejercicio de la escucha comunitaria diluya el papel magisterial del obispo o el Papa[21]. Sin embargo, el propio Francisco ha aclarado que la sinodalidad no es una democracia de mayorías, sino un proceso espiritual de discernimiento animado por el Espíritu Santo[22].

b) Desafíos prácticos

También existen desafíos prácticos: la falta de formación en discernimiento comunitario, la ausencia de estructuras funcionales en muchas diócesis y la tentación del formalismo (realizar procesos sinodales solo por cumplir). Además, muchas Iglesias locales no cuentan con los recursos humanos ni materiales para sostener estos procesos de manera continua y profunda[23].

c) Una esperanza en camino

A pesar de todo, el proceso iniciado por Francisco ha puesto en marcha una dinámica que pienso es irreversible. La sinodalidad no es una moda pasajera ni una técnica organizativa, sino una expresión concreta de la naturaleza de la Iglesia. Como ha dicho el propio Papa: «una

---

[21] Card. Gerhard Müller, entrevistas en medios de 2023.

[22] Francisco, *Discurso por el 50.º aniversario del Sínodo de los Obispos*, 17 de octubre de 2015.

[23] Secretaría General del Sínodo, *Instrumentum Laboris* (2023), parte II.

Iglesia sinodal es una Iglesia de la escucha, consciente de que escuchar es más que oír»[24]. El futuro pasa por seguir profundizando en este camino, con paciencia, fe y apertura al Espíritu.

7. La sinodalidad como estilo de vida cristiano

Más allá de las estructuras, documentos y metodologías, el papa Francisco ha insistido en que la sinodalidad es ante todo una espiritualidad encarnada, un modo de ser y estar tanto en la Iglesia como en el mundo[25]. No se trata únicamente de convocar sínodos o activar mecanismos de participación, sino de una forma profundamente cristiana de vivir la fe en relación, de dejarse guiar por el Espíritu en comunidad y de asumir con humildad que el otro es mediación de la voluntad de Dios.

a) Vivir la fe en relación

La sinodalidad propone una vivencia de la fe desde la interdependencia. En palabras de la Comisión Teológica Internacional, es «una dimensión constitutiva de la Iglesia» porque refleja su misma naturaleza comunional[26]. Desde la Biblia, el caminar juntos es imagen del pueblo elegido, de los discípulos en camino, de la Iglesia naciente reunida en torno a la fracción del pan y la Palabra.

---

[24] Francisco, *Discurso en la apertura del proceso sinodal*, 9 de octubre de 2021.

[25] Francisco, *Discurso por el 50.º aniversario del Sínodo de los Obispos*, 17 de octubre de 2015.

[26] Comisión Teológica Internacional, *La sinodalidad en la vida y en la misión de la Iglesia* (2018), 6.

Este caminar conjunto implica cultivar la escucha espiritual: a Dios, a los hermanos, a los signos de los tiempos. La sinodalidad desinstala el cristianismo individualista o intimista, proponiendo en su lugar una fe dialogal y relacional. Como recuerda Francisco, «caminar juntos —laicos, pastores, obispo de Roma— es un concepto fácil de expresar, pero no siempre es fácil de poner en práctica»[27].

b) Humildad, vulnerabilidad y acogida

El estilo sinodal exige una actitud espiritual profundamente evangélica: la humildad de no tener siempre la razón, la vulnerabilidad de dejarse tocar por el otro, y la acogida sincera de la diferencia. Se trata de renunciar al poder entendido como dominio para abrazar la lógica del servicio y la ternura. «La verdadera autoridad nace de escuchar, de servir, de acompañar», ha dicho el papa Francisco[28].

En la práctica, esto se traduce en la apertura al otro, incluso —y especialmente— cuando ese otro piensa distinto, viene de una cultura ajena o representa una periferia existencial. La sinodalidad es el camino de Jesús, que «camina con los suyos, escucha sus preguntas, dialoga con los excluidos, y se detiene con los heridos»[29].

c) Conversión pastoral y espiritual

Finalmente, vivir sinodalmente implica una conversión continua, no solo estructural sino personal y comunita-

---

[27] Francisco, *Discurso de apertura del proceso sinodal*, 9 de octubre de 2021.
[28] Francisco, *Evangelii Gaudium* (2013), 24.
[29] Francisco, *Fratelli Tutti* (2020), 70-75.

ria. El Papa ha señalado que una Iglesia sinodal necesita «pasar de una pastoral de conservación a una pastoral decididamente misionera»[30]. Esto requiere salir de la autorreferencialidad, superar miedos al cambio y dejarse conducir por el Espíritu hacia lo nuevo.

La sinodalidad no es un proceso de eficiencia organizativa, sino una espiritualidad de proceso. Supone aprender a convivir con lo inacabado, a discernir sin ansiedad, a construir sin imponer. Solo desde esta actitud puede crecer una Iglesia donde todos tienen un lugar, donde los carismas se integran y donde la comunidad se convierte en signo vivo del Reino de Dios.

Como concluye la Relación de Síntesis del Sínodo 2023: «La sinodalidad no es un modelo más, sino la forma misma de ser Iglesia en fidelidad a Cristo y a los signos de los tiempos»[31].

Conclusión

El legado de la sinodalidad que el papa Francisco deja a la Iglesia y al mundo no puede ser reducido a un conjunto de reformas institucionales ni a un nuevo método de consulta. Se trata, ante todo, de una transformación espiritual del modo de ser Iglesia: un paso decisivo hacia una eclesiología verdaderamente comunional, participativa y misionera, donde cada miembro del Pueblo de Dios es protagonista corresponsable de la misión evangelizadora.

[30] Francisco, *Evangelii Gaudium*, 27.
[31] Secretaría General del Sínodo, *Relación de Síntesis* (2023), parte II, 4.

Francisco no ha impuesto un modelo desde arriba, sino que ha despertado una conciencia: que la sinodalidad es constitutiva de la Iglesia, no un añadido opcional. Al hacerlo, ha reavivado el espíritu del Concilio Vaticano II, llevando a la práctica su visión de una Iglesia Pueblo de Dios, en la que la jerarquía no es sinónimo de poder, sino de servicio y escucha al Espíritu Santo presente en todos los bautizados[32].

Este legado, sin embargo, no está exento de tensiones. Caminar juntos exige paciencia, humildad y apertura al otro; implica asumir la lentitud de los procesos comunitarios y renunciar a la tentación del control. Pero precisamente por ello, es profundamente evangélico. Porque la sinodalidad no solo configura la vida eclesial, sino que encarna el modo de Jesús: aquel que camina, escucha, acompaña y sirve.

De cara al futuro, el mayor desafío no será técnico ni organizativo, sino espiritual. Se necesitará cultivar una verdadera conversión sinodal que alcance las raíces más hondas de nuestras mentalidades, prácticas pastorales y estructuras de gobierno. Y esta conversión no será posible sin comunidades orantes, dispuestas a discernir juntas, abiertas a la novedad del Espíritu y centradas en el Evangelio.

Francisco ya no está entre nosotros, pero su voz continúa resonando en este proceso que él mismo definió como «un dinamismo de comunión misionera»[33]. Su apuesta por una Iglesia sinodal es irreversible, no por

---

[32] Concilio Vaticano II, *Lumen Gentium*, 9.

[33] Francisco, *Discurso en la apertura del proceso sinodal*, 9 de octubre de 2021.

decreto, sino porque ha echado raíces en la conciencia de millones de creyentes que han experimentado que la sinodalidad no es una moda, sino un camino de renovación evangélica. Un camino que está llamado a florecer en todas las comunidades eclesiales del mundo y a ofrecer también, desde la Iglesia, una contribución humilde y profética a la humanidad.

Bibliografía

Comisión Teológica Internacional. *La sinodalidad en la vida y en la misión de la Iglesia*. Vaticano, 2018.

Concilio Vaticano II. *Lumen Gentium*, Constitución dogmática sobre la Iglesia, 21 de noviembre de 1964.

Francisco. *Carta al Pueblo de Dios*. Vaticano, 2018.

—. *Discurso con motivo del 50º aniversario de la institución del Sínodo de los Obispos*. 17 de octubre de 2015.

—. *Discurso en la apertura del proceso sinodal*. 9 de octubre de 2021.

—. *Discurso en la apertura del Sínodo sobre la sinodalidad*. 4 de octubre de 2023.

—. *Evangelii Gaudium*. Exhortación Apostólica, 2013.

—. *Fratelli Tutti*. Encíclica sobre la fraternidad y la amistad social, 2020.

—. *Praedicate Evangelium*. Constitución Apostólica sobre la Curia Romana, 2022.

Secretaría General del Sínodo. *Documento Preparatorio*. 2021.

Secretaría General del Sínodo. *Instrumentum Laboris*. 2023.

Secretaría General del Sínodo. *Relación de Síntesis*. 2023.

Tres mujeres comparten sus sueños

Decía Elder Cámara que «soñar es solo un sueño, pero que soñar con otros y otras es el amanecer de una nueva realidad». En esta mesa redonda, a modo de conversatorio, queremos soñar colectiva, comunitariamente, pero con los pies en la tierra y lo vamos a hacer de la mano de tres mujeres, que, como diría Gioconda Belli, son portadoras de sueños, pero sin perder de vista la realidad.

Ellas son:

– Jennifer Gómez,

– Pino Trejo y

– Paula de Palma.

Vamos esta tarde a conversar con ellas desde las diferentes realidades que acompañan y que atraviesan su apuesta y su compromiso por una Iglesia sinodal desde las mujeres, los ministerios y la opción por los/las empobrecidos/as.

Los sueños de las mujeres, desde los ministerios, los empobrecidos y las mujeres

Jennifer Gómez

1. ¿Puede haber sinodalidad en nuestras sociedades y en nuestras iglesias sin el reconocimiento y la participación activa de los empobrecidos y las empobrecidas, de las personas migrantes? ¿Puede haber sinodalidad sin compromiso con la justicia y la denuncia y la búsqueda de alternativas a la necropolítica de fronteras?

El Documento final del Sínodo de la Sinodalidad lleva por título: «Por una Iglesia Sinodal: comunión, participación y misión». Esto ya es una pista que nos lleva a pensar que no es posible pensar la sinodalidad sin la participación de todos, incluidos los empobrecidos. Pero, además, la introducción del documento nos pone en sintonía con el Concilio Vaticano II y nos recuerda que: «el gozo y la esperanza, la tristeza y la angustia de los hombres de nuestro tiempo, sobre todo de los pobres y de todos los afligidos» (GS, 1) *son, también gozo y tristeza de todos nosotros, discípulos de Cristo.* Insisto, no será posible pensar una Iglesia sinodal sin el pleno reconocimiento de todas las personas, en este caso particular, sin los empobrecidos y las empobrecidas (porque la pobreza también tiene rostro femenino) de esta tierra. Al mismo tiempo, difícilmente habrá sinodalidad si no cargamos con la realidad, es decir, si no asumimos el compromiso con la justicia y la denuncia ante tantas realidades invisibles, ante tanta muerte y dolor, y con esto me refiero especialmente a las consecuencias del ejercicio de la necropolítica en la frontera, tantas veces denunciada, por ejemplo, por las compañeras de la Fundación Caminando Fronteras dirigida por Elena Maleno. Por cierto, hace un par de semanas se presentó el informe «Monitoreo del derecho a la vida» y los datos ofrecidos son alarmantes porque evidencian una vez más que parece cierto esto de que unas vidas valen más que otras. A lo largo del 2024, en las rutas de acceso a Europa por España, contamos 10.457 víctimas, lo que supone 30 personas muertas diariamente. Esto ya no va de «pobre gente», es que va de un sistema que ha normalizado social y políticamente la muerte en la frontera. Es muy grave.

En fin, para no alargarme, vuelvo al Sínodo. La primera sesión de la Asamblea, en el Informe de Síntesis, centró la atención en diez temas de relevancia para la vida de la Iglesia. El punto número dos hace referencia a «Escuchar el clamor de los pobres y de la tierra» y señala especialmente, siguiendo a *Evangelii Gaudium*, que «el corazón de Dios tiene un sitio preferencial para los pobres, los marginados y excluidos, y por tanto también en el de la Iglesia». Porque en los pobres vemos el rostro de Dios, la carne del Cristo, nos corresponde preguntarnos: ¿de verdad lo estamos viendo?, que cada cual responda internamente. Caminar en sinodalidad, pasa por el reconocimiento de estas realidades y por la puesta en marcha de procesos de transformación, de hacer nuevas todas las cosas, y ojalá de hacer que todas las vidas cuenten.

2. ¿Qué sueños de las personas migrantes te llegan desde tu cada día, cómo te afectan y cómo crees que deben movilizarnos como Iglesia, como sociedad civil del norte global?

La vida de las personas debe ocupar el lugar central y, en este caso, la vida de las personas que viven en riesgo de exclusión social o ya en ella. Efectivamente las personas que migran forzadamente y los refugiados están dentro de ese rango, junto con otros colectivos en riesgo. Viven situaciones de precariedad laboral, de denegación de acceso a la vivienda, y sabemos la crisis que tenemos en este sentido, de no acceso a derechos, etc.

Las personas migrantes que nos encontramos cuando vamos por el territorio son ante todo personas, personas que quieren integrarse, que quieren aportar, que quieren ser parte de la solución no del problema, personas con familia como nosotras, personas que viven profundas soledades, sobre todo si han tenido que salir obligadas de sus países de origen, personas que se encuentran con esas fronteras invisibles urbanas (un mal gesto en el metro, un «vete a tu país», una atención diferenciada en la administración, etc.), personas que son nuestras vecinas y nuestros vecinos.

Me afecta el momento actual de la movilidad humana en general porque evidencia cómo se está utilizando a las personas migrantes y refugiadas como armas arrojadizas, como chivos expiatorios para evitar hablar de la raíz de los problemas que nos aquejan. Me preocupa el rumbo de las políticas migratorias ya no solo en el contexto europeo, sino global, me preocupa la crispación que va encontrando fuerza en ciertos discursos políticos, me preocupa la tendencia a discursos y actitudes de odio, rechazo, discriminación... eso me preocupa y por supuesto me afecta. Pero también es verdad, que me alivia cuando veo y escucho otras maneras de pensar y de sentir, otras formas de hacer denuncia profética como la reciente intervención de la obispa Mariann Edgar Budde, que nos recordaba no solo las raíces de la humanidad, sino nuestra herencia migrante como cristianas y cristianos. Por ahí debemos caminar y el Sínodo de la Sinodalidad lo ha dejado muy claro.

3. *¿Y tu valoración en relación con la opción por los empobrecidos y empobrecidas? ¿Cómo sueñas e imaginas una Iglesia que tiene en el centro las aspiraciones de los y las más empobrecidas? ¿Cuáles son nuestras principales resistencias para ello y las oportunidades que nos ofrece nuestro momento histórico y el liderazgo del papa Francisco?*

En Cáritas tenemos muy claro que el liderazgo de Francisco en materia de movilidad humana es un regalo para toda la Iglesia y en particular para nosotros como Cáritas. La opción de la Iglesia es la opción preferencial por el desfavorecido, ahí siempre encontramos a Jesús, con lo cual, nosotras no tenemos más camino que ese.

Resistencias, claro, resistencias porque somos humanos, siempre las tendremos. Nos cuesta el cambio, que se nos saque de nuestra zona de confort, nos cuesta el encuentro con el extraño claro que sí porque ese encuentro me pone cara a cara con lo desconocido y cuestiona mi identidad, incluso la identidad religiosa y hay quien en el encuentro con otra creencia se siente como en peligro. En todo caso, el Sínodo es la posibilidad para romper esas resistencias, para caminar en comunión, como hermanas y hermanos, que es el sueño de Francisco. En ese sentido el número 112 del Documento final es iluminador:

> Nuestra época también se caracteriza por el aumento de la movilidad humana, motivada por diversas razones. Los refugiados y los migrantes forman a menudo comunidades dinámicas, incluso en sus prácticas religiosas, haciendo que el lugar donde se instalan sea multicultural. Algunos de ellos mantienen estrechos lazos con sus países de origen, sobre todo gracias a los medios digitales, y experimentan dificultades para tejer vínculos en el nuevo país; otros permanecen desarraigados. Los habitantes de los lugares de inmigración también se ven interpelados por la acogida de los que llegan. Todos experimentan el impacto causado por el encuentro con la diversidad de orígenes geográficos, culturales y lingüísticos, y están llamados a construir comunidades interculturales. No debe pasarse por alto el impacto de los fenómenos migratorios en la vida de las Iglesias. Es emblemática, en este sentido, la situación de algunas Iglesias católicas orientales, debido al creciente número de fieles en la diáspora; se requieren nuevos enfoques para que se mantengan los vínculos con su Iglesia de origen y se creen otros nuevos, respetando las diferentes raíces espirituales y culturales.

Debemos caminar hacia comunidades inclusivas y fraternas. Ese es el camino.

Desde los ministerios: los/las empobrecidos/as y las mujeres

Pino Trejo

Como militante de la HOAC eres una buena conocedora de las aspiraciones del mundo obrero, de su clamor por el pan y las rosas, como reclamaban las obreras de Massachussets de principios del siglo XX en EE. UU., y a la vez desde tu activismo en el movimiento la Revuelta de Mujeres en la Iglesia, de Canarias, eres una buena conocedora de las aspiraciones más profundas y del compromiso de muchas mujeres católicas de cara a que la sinodalidad no sea un eslogan en la Iglesia sino una realidad desde lo más micro a lo macro. ¿Dónde están las principales resistencias y dificultades para que la Iglesia avance en sinodalidad desde la perspectiva de las mujeres?

Creo que son más las resistencias que las verdaderas dificultades tanto para el avance en la sinodalidad en sí misma, es decir, a implantar el estilo sinodal en la Iglesia, como que se haga desde la perspectiva de las mujeres.

Hay resistencias al cambio, que hasta cierto punto podemos considerar normales, pues no es fácil enfrentarse a la desestabilización de tu orden habitual, de tus rutinas. Pero en la Iglesia la experiencia es que cuesta abrirse a lo nuevo y que, antes de entrar en diálogo con esa novedad, la mayoría de las veces condenamos, emitimos juicios muy duros y nos volvemos intransigentes. Esta es la mayor de las resistencias porque una Iglesia, que está plantada en el mundo, no puede negarle la palabra, no puede preferir no escuchar porque no entienda lo que dice; y más grave aún, no debería posicionarse con intolerancia con sus propios y propias miembros cuando plantean las cuestiones temporales. El «siempre se ha hecho así», sin contexto ni origen, no ayuda a avanzar ni puede ser argumento para no hacerlo; ni tampoco el miedo a perder «poder» o posicionamiento social porque hemos entendido eso de «influenciar» como imponernos por encima de, en vez de dejar que fluya el Espíritu y extender el Reino desde la misericordia.

El miedo al cambio se convierte en intolerancia cuando no conseguimos acercarnos, al menos un poco, a la posición de la otra persona. Y la sinodalidad tiene que ver mucho con la proximidad y la projimidad, porque caminar juntos y juntas conlleva relación, implicación y participación en igualdad, a todos los niveles, independientemente del «cargo» que tengas, del género, origen, estatus. «En términos simples y sintéticos, podemos decir que la sinodalidad es un camino de renovación espiritual y de reforma estructural para hacer a la Iglesia más participativa y misionera, es decir, para hacerla más capaz de caminar con cada hombre y mujer irradiando la luz de Cristo»[1].

---

[1] Documento final del Sínodo, 28

Otra resistencia: las imágenes que hemos creado de Dios y el lenguaje para expresarlo. Todo masculinizado como la única vía de acceso a Dios. En el imaginario colectivo religioso (y cultural, me atrevería a decir) Dios es Él, encerrándolo de esta forma en un esquema reducido, en una sola perspectiva, con determinadas características (fuerza, dominio, superioridad...), cuando sabemos que Dios va más allá de ese rol construido.

Entre las dificultades, destaco dos, principalmente: la comprensión de la igualdad y cómo el sistema neoliberal y su cultura han calado en la Iglesia.

Empezando por lo último: el individualismo, con su autosuficiencia y autorreferencialidad ha calado hondo en nuestro ser Iglesia: el interés personal o de un pequeño grupo que imponen sus criterios y perspectivas a otros, sin diálogo, sin escucha, olvidándonos de nuestra vocación a la comunión y la importancia de crear comunidad. Asumimos valores que van en contra de nuestra propia humanidad, como institución, como grupo, como personas: ir por libre y olvidarnos de las personas empobrecidas. También la Iglesia ha asumido la lógica mercantilista: la de obtener siempre un beneficio (poder, prestigio, posición social), la de la productividad donde predomina el número, la cantidad (hay que ser muchos, no importa a costa de qué).

Los roles diferenciales que culturalmente se asignan a la mujer y el hombre también son asumidos por nuestra Iglesia, que sigue considerando de inferior dignidad a la mujer, que necesita ser constantemente tutelada, vigilada y controlada, relegada a la esfera privada. O somos vírgenes o...

La segunda dificultad: la comprensión de la igualdad. Se sigue entendiendo que entre hombres y mujeres debe haber complementariedad, pero no igualdad. Y no tiene nada que ver una cosa con otra, primero porque una persona no complemente a otra. Cada persona es un ser singular e irrepetible, no nos faltan «cosas» y por eso necesitamos completarnos con otra, sino que cada una lleva consigo en sí algo que nadie más puede dar, hacer, sembrar.

Detrás de esta dificultad lo que encontramos es la errónea interpretación de que la diversidad no puede hacer la unidad, de que para ser UNO todos tenemos que ser de la misma forma, iguales en serie. Es como si al leer la lectura de san Pablo a los Corintios hubiéramos entendido que todos los miembros del cuerpo tenemos que ser pies.

El Evangelio es inspirador de sueños y compromisos hasta que la fraternidad y la sororidad sean costumbre. Movilizadas por ello muchas mujeres han comprometido y comprometen su vida en una Iglesia que sigue considerándolas inadecuadas para según qué ministerios o tareas eclesiales, solo por el hecho de ser mujeres. ¿Cómo imaginas, cómo sueñas, una Iglesia sinodal que dé cabida a las aspiraciones más profundas de las mujeres, empezando por las últimas?

Una Iglesia verdaderamente inclusiva donde cada persona sea reconocida en su sagrada dignidad, valorada por sus carismas y acompañada en su servicio y compromiso. Una Iglesia que no excluye a nadie ni en su forma de funcionar, ni en el lenguaje. Que abandone las conductas patriarcales, clericales y paternalistas hacia las mujeres, y que se nos reconozcan como discípulas, seguidoras de Jesucristo.

Una comunidad de iguales donde nadie se quede fuera por razón de género, identidad sexual, familiar...

que acoja la diversidad como riqueza, como intercambio de dones, que no condena, juzga ni culpabiliza a nadie. El bautismo fundamenta nuestra identidad común y nuestra participación en Cristo y en la Iglesia. Así «las diferencias se convierten en el "material" que nos permite vivir como comunidad y un solo cuerpo»[2].

Una Iglesia a la escucha, que pone atención a la vida de cada persona, de todas las personas y pueblos, que sea «un lugar de hospitalidad narrativa»[3]; que dialoga con el mundo, la cultura, con los movimientos sociales, especialmente los de liberación de la mujer, para comenzar a construir juntas el Reino en esta tierra.

Una Iglesia que fomente la participación de todo el Pueblo de Dios, donde al laicado se le deje ejercer su responsabilidad en la marcha de la Iglesia, especialmente a las mujeres, y que no se les siga vetando su presencia, su voz y su voto en los ámbitos de toma de decisiones.

Una Iglesia que denuncia las injusticias, a esta economía que mata, a un sistema neoliberal que genera pobreza, que explota laboral y sexualmente a las mujeres, que culpabiliza a las personas empobrecidas y las somete a condiciones de vida indignas y deshumanizadoras.

Una Iglesia que no tiene prisas por llegar a la meta, sino que se hace cargo, se encarga y carga con la debilidad, con quienes van más lentos, que no fuerza ritmos ni

---

[2] Subgrupo de la Comisión de Espiritualidad: Espiritualidad de la sinodalidad, *Hacia una espiritualidad para la sinodalidad*, 17 (https://www.synod.va/content/dam/synod/common/spirituality/Spirituality-of-Synodality-A4-Orizzontale-ES.pdf).

[3] Subgrupo de la Comisión de Espiritualidad: Espiritualidad de la sinodalidad, *Hacia una espiritualidad para la sinodalidad*, 26

procesos, sino que sabe acompasarlos con el Espíritu, la santa *Ruah*.

Una Iglesia sensible al clamor de la tierra herida y la lucha de los pueblos indígenas por recuperar el equilibrio roto por la avaricia y la obtención de beneficios por encima del bien común y la justa distribución de los bienes.

Una Iglesia que no abandona a las víctimas, ni las de abusos ni las de violencia ni las de este sistema capitalista, sino que las acompaña, se hace samaritana, no pasa de largo a quien se ha dejado en la cuneta, que cura las heridas y busca «posadas» cuando ella sola no puede resolver los problemas.

Iglesia de encuentro, que sale al encuentro, que se abaja, que lava los pies a las mujeres, que no las critica por derramar un caro perfume a los pies de Jesús, que abraza sus cuerpos como lugares de salvación y no de pecado.

Una Iglesia que tiene claro que «Si hay que volver a empezar, siempre será desde las últimas»[4].

Quizás seamos las mujeres uno de los colectivos que esperábamos mucho más de este Sínodo y vivamos con cierta desánimo la lentitud y la resistencia de muchos sectores eclesiásticos en nuestras aspiraciones de avance hacia una mayor sinodalidad que nos reconozca de hecho sujeto eclesial sin ningún tipo de discriminación o perjuicio. ¿Cuál es tu valoración global del Sínodo en relación a las mujeres? ¿Cómo podemos seguir avanzando hasta que la igualdad sea costumbre de forma esperanzada?

[4] Cf. Francisco, *Fratelli Tutti*, 235

Lo primero que hay que reconocer es que el proceso sinodal abrió un camino novedoso, y esperado por muchas personas en la Iglesia, pues el poder tener presencia de alguna forma, la posibilidad de expresar su situación y decir qué tipo de Iglesia ser, ha supuesto una oportunidad que muchas hemos aprovechado para hacer oír nuestra voz.

Sabemos que esta «caminar juntos» no ha sido bien acogido por todo el Pueblo de Dios, que ha habido y sigue habiendo resistencias ante la sinodalidad, miedos a perder el estatus, a afrontar las transformaciones que conllevan lo que verdaderamente significa la comunión, la misión y la participación.

Cuando salió el Informe de Síntesis de la segunda fase del Sínodo, en el apartado 9 («Las mujeres en la vida y la misión en la Iglesia»), miramos con esperanza y sentimos que parte de nuestras aportaciones estaban incluidas y que había valido la pena el trabajo realizado en todas las fases del Sínodo con nuestras comunidades, nuestros grupos, muestros movimientos, entre nosotras, comunitariamente, siempre juntas... por eso, quizás esperábamos algo más del Documento final. Pero somos buenas conocedoras de esa lentitud eclesial de la que hablas, pues llevamos mucho tiempo esperando que esa comunidad de iguales que Jesús formó se recuperara ahora, durante este proceso sinodal. Urgía que no se volviera a posponer el reconocimiento real a nuestra igualdad, iguales en dignidad y por el bautismo. Históricamente hemos aparcado nuestras reivindicaciones por otras que urgían y porque había que pensar en el bien común. El problema es que nosotras también somos parte de ese bien común, con lo que si faltamos nosotras ya no es tan común y mucho menos, bien.

Pero si algo también nos caracteriza es saber ver los pequeños brotes y, tenemos que reconocer que algunos hay en el Documento final del Sínodo: el primero el reconocimiento como Apóstola de los apóstoles[5] a María Magdalena, pues fue ella la que anuncia la resurrección de Jesús motivo por el que existe la Iglesia; además, en los números 52 y 60, especialmente este último, se afirma que mujeres y hombres tienen la misma sagrada dignidad y en virtud del bautismo forman parte del Pueblo de Dios; también se recoge que la presencia y la participación de las mujeres es necesaria en la Iglesia (106) y en la formación en general (148). Tendremos que aprovechar estas brechas abiertas para seguir construyendo una Iglesia verdaderamente sinodal.

Y como no somos mujeres quietas esperando que nos llueva la igualdad, sino que estamos comprometidas en la sociedad y en la Iglesia, no vivimos al margen de ninguno de estos ámbitos, sino que nos implicamos en tareas educativas, reivindicativas, en espacios donde restablecer la dignidad, la sagrada dignidad a la persona, sitios donde acompañar a las víctimas del sistema, de la violencia machista, de la marginación y la exclusión, de la precariedad y las indignas condiciones laborales, con migrantes... Seguiremos encontrándonos entre nosotras y con quien quiera sumarse a esto de la igualdad, nos formaremos en teología feminista, nos coordinaremos para aunar fuerzas y esperanza, celebrando la vida, seguiremos participando en nuestras parroquias, diócesis, grupos, movimientos... Sabemos lo que cuesta el reconocimiento de

---

[5] Documento final (XVI Asamblea General Ordinaria del Sínodo de los Obispos), 13

nuestros carismas, la valoración de nuestras capacidades, la visibilidad y por eso trabajamos y seguiremos trabajando para que la igualdad se haga costumbre en nuestra casa, en nuestra Iglesia.

Desafíos para los ministerios a partir del Sínodo de la Sinodalidad

Paula Depalma

Profesora invitada en el Instituto Superior de Pastoral (UPSA)

El 26 de octubre de 2024 ve la luz el Documento final del Sínodo de la Sinodalidad titulado *Por una Iglesia sinodal: comunión, participación y misión*. Nos ubicamos así en el marco del proceso de implementación sinodal contemporáneo, el cual implica acrecentar el reconocimiento de los ministerios en la Iglesia y la conversión teológica y pastoral requerida para el correcto servicio dentro de la misión eclesial (Francisco, Documento final). A esta situación se suma la incertidumbre acerca de la orientación que un nuevo pontífice dará a dicha implementación. En este marco surgen diversas preguntas y retos para seguir profundizando.

Para ahondar en la cuestión de los ministerios en esta etapa de reflexión y diálogo y, sobre todo, de implementación de los desafíos señalados en la etapa sinodal, planteamos cuatro puntos y una conclusión. En el primero subrayamos la responsabilidad bautismal y vocacional de todos los creyentes, en el segundo remarcamos cómo esta responsabilidad individual se refleja en un diálogo recíproco que respeta y promueve el discernimiento común, en el tercer punto señalamos cómo es necesario discernir caminos de actuación concretos más allá de los posicionamientos opuestos o encontrados y en el cuarto resaltamos cómo dichos posicionamientos diversificados no son un obstáculo sino justamente el motor para seguir avanzando. Concluimos indicando que el discernimiento ministerial sigue siendo necesario como camino hacia la comunión.

1. La responsabilidad bautismal y vocacional

La conciencia cada vez más honda de responsabilidad local y global de todo bautizado requiere atención. El bautismo es un llamado a una vocación y a una misión en la Iglesia y, por tanto, cada creyente es responsable y solidario de su desarrollo; de hecho, para que la plenitud personal se desarrolle entran en juego todas las capacidades humanas junto con el hacernos cargo de la creación entera —siempre como parte de ella— en una profunda conciencia de pertenencia a un ecosistema ecológico global y decisivamente eclesial. Esta misión concreta y definida, si no se desarrolla, queda inexplorada.

Como diría J. Butler, «somos responsables no solo de la pureza de nuestra alma, sino de la forma del mundo en que todos habitamos»[1]. ¿Cómo asumir nuestra res-

---

[1] J. Butler, *Dar cuenta de sí mismo. Violencia ética y responsabilidad* (Buenos Aires, Amorrotu, 2005), 150.

ponsabilidad en la configuración ministerial y litúrgica? ¿Qué cauces concretos encontramos o incluso creamos? La ministerialidad es justamente este reconocimiento colectivo de los carismas y de las vocaciones y es una de las formas de viabilidad de estos en el seno de las comunidades. Como bien afirma el papa Francisco:

> El Espíritu del Señor Jesús, fuente perenne de la vida y misión de la Iglesia, distribuye a los miembros del Pueblo de Dios los dones que permiten a cada uno, de manera diferente, contribuir a la edificación de la Iglesia y al anuncio del Evangelio. Estos carismas, llamados ministerios por ser reconocidos públicamente e instituidos por la Iglesia, se ponen a disposición de la comunidad y su misión de forma estable[2].

Es el Espíritu de Dios quien distribuye los dones y carismas y corresponde a la Iglesia reconocerlos y darles viabilidad. El abordaje de esta temática de la ministerialidad reclama la atención a los carismas y dones del Espíritu para un posterior reconocimiento.

2. Conversación entre sujetos: de la reciprocidad al acuerdo

El diálogo sinodal es posible entre sujetos autónomos. Los bautizados en la Iglesia tienen esta potencialidad de ser sujetos, tanto de manera individual como organizada. Y como sujetos eclesiales se trata de entrar en diálogo y que su voz tenga incidencia práctica —como voz activa o performativa[3]—.

---

[2] Francisco, *motu proprio Spiritus domini*, 2021 (primer párrafo).

[3] Ver para un desarrollo más amplio E. Estévez y P. Depalma (eds), *Ventanas a la sinodalidad* (Estella: Verbo Divino, 2023).

El caso concreto de la ministerialidad no se refiere solamente a desafíos y propuestas identitarias o vocacionales particulares o individuales. Son reclamos y cosmovisiones colectivas que anhelan la transformación estructural. ¿Cuál es entonces el «sujeto político» de esta cuestión? El sujeto político que busca discernir esta cuestión no es uniforme, sino que es un conjunto de voces que provienen de diversos sectores. Desde la perspectiva sinodal. se propone un nuevo paradigma relacional fundamentalmente caracterizado por la reciprocidad, la circularidad y la visión no jerárquica del mundo. También hay otros colectivos de laicos que anhelan una participación más plena en los ministerios junto con una revisión de las delimitaciones ministeriales. A ello hay que agregar la conciencia social creciente de participación en la sociedad. Es decir, hay creyentes que tienen incidencia e implicancia social y política en la sociedad que promueven modelos de participación más activos y hay un conjunto de voces intraeclesiales, tanto teológicas como desde la praxis y el deseo de una mayor participación, que también reclaman que el tema se aborde con la mayor formalidad posible.

3. Discernir formas de acuerdo que agilicen los procesos

El tiempo intermedio entre la normalidad generalmente asumida y el cambio que promueven las voces disonantes debería ser ocupado precisamente por los debates —todavía y siempre— sinodales donde tuvieran lugar los diferentes posicionamientos. Pero, si esto no ocurre, puede darse uno de los más altos costos que ha vivido la

Iglesia en los últimos años que ha sido el masivo abandono de los laicos del ámbito eclesial.

Pongamos un ejemplo. En el caso del debate acerca de la posibilidad o no del diaconado para las mujeres, se puede constatar en diversos documentos preparatorios locales que, si bien en las consultas aparecía la cuestión reiteradamente, al presentarse como algo no resuelto, sino en perspectivas antagónicas, sencillamente no se reflejaba en el documento. Esto es una traba al desarrollo de la dinámica de escucha recíproca y diálogo ya que las materias conflictivas no pueden eliminarse de la agenda de trabajo, sino que son justamente los motores de transformación. Ello no significa que se deban adoptar medidas unilaterales, sino que al abordar el asunto con seriedad se puede llegar a resultados diferentes. Es decir, si se aborda el tema de los reclamos del ministerio ordenado, entran en juego no solo las comprensiones de género, sino también la vida sacramental, sus formas, sus ritos, sus ministros y su relación con los mecanismos de poder, autoridad y representación eclesial. Son puntas de iceberg de temáticas interconectadas, mucho más amplias que reflejan también la apropiación indebida de ciertos sectores del mundo sacramental que pertenece sin dudas a todo el Pueblo de Dios.

La utilización de la categoría de acuerdo o consenso, de representación o incluso de vinculación de las decisiones en relación con los acuerdos puede tender a dar una interpretación teológica de cada instituto jurídico o normativo, con el resultado de volverlo difícilmente modificable. Bajo este perfil podemos observar la aparición de un dispositivo que podríamos llamar de confusión entre las normativas generales y las formas concretas de desarrollo. La verdad ministerial, si se reduce a la conformidad ritual o estática jurídica, olvida que siempre hay no solo una reforma ministerial, sino también una *lex condenda* (normas codificadas) distinta de la *lex condita* (fundadamentos normativos) o ley fundante[4]. Es cierto que el mundo tradicional vive precisamente de esta confusión: no percibe una diferencia sustancial entre los órdenes que consideramos aquí. Pero la reutilización de esta confusión en el mundo contemporáneo es una estrategia paralizante. La recuperación de una profecía del derecho, así como del rito y del sacramento, constituye un horizonte necesario[5]. En este sentido, tal vez no corresponda a la Iglesia universal discernir cada rasgo de la ministerialidad sino dar un marco que permita la diversidad de las Iglesias locales.

¿Como llegar a un consenso? ¿Cómo llegar a acuerdos? ¿Son vinculantes con la Iglesia local las decisiones que surgen de las consultas al Pueblo de Dios en ese contexto? ¿Cómo determinar y concretar en pocas líneas la gran diversidad del *sensus omnius fidelium*? Estas son algunas preguntas que se presentan después del ejercicio de consulta al Pueblo de Dios.

Como bien recuerda Rafael Luciani, las decisiones han de integrar el consenso del pueblo así como el asesoramiento de los teólogos, entre otros factores. Citando a san Cipriano: «*Nihil sine consilioi vestro el sine consensu*

---

[4] A. Borras, ¿Qué hay que cambiar en el derecho canónico para una auténtica sinodalidad?, en *Sinodalidad y reforma: un desafío eclesial (GS)*, coord. por R. Luciani, S. Noceti y Carlos Schickendantz (Boadilla del Monte: PPC, 2022), 137-162.

[5] Sobre este tema se puede estudiar A. Grillo y D. Horak, *Le istituzioni ecclesiali alla prova del genere* (Cinisello Balsamo: San Paolo, 2019).

pleis mea privatim sententia gerere»[6], asegura que escuchar el consejo de los presbíteros y teólogos, así como construir el consenso del pueblo son requisitos para mantener la comunión[7]. La comunión es la que se vive por consenso, por la escucha atenta de las voces diversas y porque la autoridad vehicula la potencialización de las capacidades y dones. Es una comunión poco realista e ilusoria aquella que no escucha dichas voces. La estructura sinodal ha de asegurar que todas las voces son escuchadas y que entran en el diálogo que fecunda la propuesta general. Está claro que la escucha recíproca es el primer paso de una Iglesia que camina juntos. No es posible llegar a conclusiones generales que representen el *sensus fidei* sin acoger la diversidad del *sensus omnius fidelium*.

4. Respetar y acoger la diversidad

Está claro que la diversidad es un don del Espíritu. La creación entera está poblada de todo tipo de diversidades y diferencias y «vio Dios que era bueno» (cf. Gn 1,31). Las diferencias son buenas. El problema que se plantea aquí —especialmente en el caso de la consolidación estructural y orgánica de cualquier institución— está en las construcciones, ideologías y formas de organización generadas a partir de esas diferencias. Es decir, lo que se construye socialmente a partir de esas diferencias. En la

---

[6] «Nunca sin el consejo de los presbíteros y el consenso del pueblo, nunca la gestión privada del gobierno eclesial, nunca el obispo aislado en el ejercicio de su autoridad», citado en R. Luciani, «Hacia una efectiva sinodilización de toda la Iglesia», en *Sinodalidad y reforma: un desafío eclesial (GS)*, 127.

[7] Ibíd., 115-136.

Iglesia hay evidentemente muchos dones, carismas y «gente de toda raza, lengua, pueblo y nación» (cf. Ap 5,9; 7,9)[8].

La pregunta es cómo esta diversidad se consolida en ministerios y cómo ocupa un lugar visible en el seno eclesial a modo de ministerios o de institucionalización orgánica[9].

El actual Derecho canónico señala estructuras sacramentales y ministeriales como forma de organización, diferenciada según las 22 Iglesias *sui iuris* que componen la eclesialidad en la actualidad. Las normativas regulan diferentes formas de autoridad, de representación, de funciones, de participación... De esta manera la construcción social establecida es un punto de partida en cuanto que autoriza, fomenta o limita la participación y la visibilización de los carismas, dones y funciones presentes en el pueblo de Dios.

La estructuración de la catolicidad se compone así de diversidad también a nivel de estructuración de Iglesias locales. Esta situación abre la pregunta acerca de la posibilidad de configuración de las Iglesias particulares con un rostro propio que incluya un discernimiento ministerial conjunto para el contexto específico.

El análisis de estas configuraciones constituye un punto de partida crítico para las relaciones eclesiales y en concreto para el análisis de la ministerialidad en las Iglesias.

[8] Véase la cita del papa Francisco de la p. 233.
[9] Íd.

Conclusión: el discernimiento ministerial necesario como camino hacia la comunión

Como hemos señalado, la temática de la ministerialidad es una prioridad del camino y del discernimiento sinodal global. La situación de los ministerios de los lacios en concreto aparece por ello como una piedra de toque en este caminar juntos. De hecho, marca puntos de dificultad y de opiniones diversificadas y es por ello que requiere de un extendido discernimiento común.

Está claro que, si se analizan los documentos de las diversas diócesis junto con el de la Secretaría General del Sínodo, aparecen temas recurrentes como los ministerios y las formas de autoridad en la Iglesia, la ecología integral, la evangelización y los ministerios, y la visibilización de la participación y la autoridad de las mujeres en la Iglesia y en la misión. Estas cuestiones representan núcleos temáticos que deben dar lugar a un trabajo posterior continuo. Son núcleos teóricos y prácticos que para muchos creyentes son esenciales para experimentarse a sí mismos como plenamente partícipes de la vida sinodal y representan cuestiones insalvables para que puedan vivir la integridad bautismal y su realización como miembros del Pueblo de Dios. Ser sujetos en la Iglesia significa tomar la palabra y que esta sea significativa estructuralmente.

En este breve artículo nos hemos referido a la responsabilidad personal y colectiva a la hora discernir acuerdos en temas importantes. Hemos señalado que, si bien muchos de estos temas no gozan de un consenso absoluto, muchos otros asuntos relacionados con la ministerialidad sí que lo tienen. En relación con aquellas cuestiones que gozan de consenso hay acciones posibles y urgentes que son de discreción común y que están en la línea ministerial de fondo y que tienen que ver con las funciones asignadas a los diferentes ministerios, tanto los ordenados como los instituidos o los temporales. En cuanto a los asuntos que son más tensionados es bueno recordar que en el diálogo no se puede opacar la diversidad ni la reciprocidad y que es necesario adentrarnos por un camino de reconocimiento de los dones y carismas propios de las Iglesias locales. Además, esta temática junto a muchas otras cuestiones debatidas, son piedras de toque para la Iglesia en su conjunto. Justamente por ser núcleos conflictivos tienen la potencialidad de una profundización creativa. Como afirma Serena Noceti:

> la experiencia de confrontación con la alteridad que está en el corazón de todo conflicto tiene la potencialidad de llevar a una profundización del contenido de la fe común y de renovar la organización eclesial [...]. El disenso leal de unos y otros, la «disonancia», son esenciales para la Iglesia[10].

Adentrarnos con esperanza en el diálogo sobre la ministerialidad en la Iglesia tiene la potencialidad de generar cosmovisiones inéditas. No se trata de tomar decisiones unilaterales o resoluciones imparciales, sino de ahondar en la escucha y el diálogo participativo. Más aún:

> de la interacción entre los sujetos emergen ideas inesperadas; la pluralidad de las aportaciones permite madurar una cosmovisión inédita que abarca y sobrepasa las visiones iniciales de los participantes, así como un nuevo enfoque del problema que se está abordando[11].

---

[10] S. Noceti: «En comunicación generativa. Conversación, consensus, conspiratio», en *Sinodalidad y reforma*, 346.

[11] Ibíd., 347.

Los bautizados, comprendidos como sujetos eclesiales con voces cada vez más reconocidas, constituyen un punto de toque a la realización concreta de la estructura sinodal y señalan temas concretos en sintonía con la defensa de los más pobres y necesitados, ofreciendo una mirada de autoridad, comprendida como servicio, que ofrece a la Iglesia un rostro más misericordioso y tolerante y que es capaz de encarnar la fe en el corazón de la sociedad contemporánea.

Después de todo lo analizado podemos decir que el modelo sinodal ofrece amplios progresos y también asuntos abiertos. Además de favorecer el diálogo ecuménico y el interreligioso[12], presupone modelos participativos[13] que responden a las investigaciones históricas y teológicas actuales y que son más acordes con los modelos democráticos de nuestra época. Este modelo puede contribuir así a recuperar la credibilidad institucional de cara a la sociedad actual y hasta constituir una señal para las organizaciones seculares[14] si lograra este siempre tan deseado equilibrio de unidad en la diversidad o diversidad

---

[12] Comisión teológica internacional, *La sinodalidad en la vida y en la misión de la iglesia* (2018), 9.

[13] «La vida sinodal es testimonio de una Iglesia constituida por sujetos libres y diversos, unidos entre ellos en comunión, que se manifiesta en forma dinámica como un solo sujeto comunitario». Comisión teológica internacional, *La sinodalidad en la vida y en la misión de la iglesia*, 55.

[14] Así como las iglesias de los orígenes se erigieron con un modelo institucional caracterizado por la primacía de la caridad y el servicio que generó un contramodelo político que cuestionaba el vigente en la época imperial, de la misma manera debería ocurrir en los distintos períodos históricos.

reconciliada que ofrece identidad y genera cultura, caracterizada por el pontífice como «cultura del encuentro»[15].

La agenda de tareas pendientes se vuelve entonces determinante. ¿Cuáles, cómo y cuándo prosperarán estos canales de participación eclesial para los grupos como los laicos, las mujeres, los jóvenes, los pobres, los enfermos, los excluidos, los miembros de otras confesiones...[16]? ¿Qué consecuencias tendrá en la práctica la renovación teológica y pastoral de la figura del ministerio episcopal[17] y presbiteral? ¿Se reforzará la autonomía a las Iglesias locales al mismo tiempo que se fomente la colaboración y la relación[18]? ¿Se conseguirá que los mecanismos de poder se transformen en vehículo de fortalecimiento de los particulares y grupos y que sean capaces de generar espacios de acción en consonancia con el impulso profético y vocacional de sus miembros?

Las imágenes eclesiológicas de Francisco para representar la sinodalidad de manera visual y geométrica son la pirámide invertida y el poliedro. La primera hace referencia al servicio, a la actitud humilde, al ser los últi-

---

[15] La propuesta consiste en pasar de la cultura del descarte a la cultura del encuentro. Ver EG en todo el capítulo cuarto donde trata de la dimensión social de la evangelización.

[16] A ello hace referencia el capítulo 3 de Comisión teológica internacional, *La sinodalidad en la vida y en la misión de la iglesia*, 2018.

[17] S. Madrigal Terrazas, «Servidores del Evangelio. Teoría y praxis del ministerio episcopal», Sal Terrae 1194, 2014, 815-832.

[18] Como advertía Y. Congar «[Se podría promover] el impulso por el que el Vaticano II logró superar la tendencia, tan señalada en la historia de la eclesiología, a aislar las mediaciones, las estructuras de autoridad, desarrollándolas por separado, en sí mismas. Se ha empezado a descubrir de nuevo su inserción como servicios funcionales en las comunidades». En «Estructuras esenciales para la Iglesia del futuro»: *Concilium 60* extra (1970), 306.

mos... refiriéndose a quienes tienen representación o poder eclesial. Como modelo eclesiológico, por su parte, considero más que acertada la figura del poliedro ya que rescata la diversidad dentro de la comunión y «refleja la confluencia de todas las parcialidades que en él conservan su originalidad»[19].

Sé que entre ustedes hay personas de distintas religiones, oficios, ideas, culturas, países, continentes. Hoy están practicando aquí la cultura del encuentro, tan distinta a la xenofobia, la discriminación y la intolerancia que tantas veces vemos. Entre los excluidos se da ese encuentro de culturas donde el conjunto no anula la particularidad, el conjunto no anula la particularidad. Por eso a mí me gusta la imagen del poliedro, una figura geométrica con muchas caras distintas. El poliedro refleja la confluencia de todas las parcialidades que en él conservan la originalidad. Nada se disuelve, nada se destruye, nada se domina, todo se integra, todo se integra[20].

La sinodalidad ha de confluir, como conclusión de lo que hemos ido señalando, dentro de los límites de una eclesiología de comunión en consonancia con la inclusión de la diversidad y con la cultura del encuentro. El desafío de generar espacios sinodales de diálogo, participación y decisión depende en gran medida de hacer que tanto las mayorías como las minorías tengan la debida presencia, visibilidad y capacidad de decisión y agencia.

[19] Francisco, *Evangelii gaudium*, 236.

[20] Francisco, *Discurso en el Encuentro Mundial de Movimientos Populares*, 28 de octubre de 2014.

Trabajos de grupos

Dos grupos reunidos tras las ponencias responden a preguntas abiertas por los ponentes. 1.ª ¿Cuáles consideras que son los principales retos que debe abordar la teología pastoral en la actualidad? 2.ª En cuanto al quehacer pastoral, ¿cuál crees que es la tarea prioritaria en la actualidad y qué principios deberían orientarla? 3.ª En el nuevo tramo de recepción de *Lumen Gentium* y en cuanto a la corresponsabilidad de todo el Pueblo de Dios, ¿que pasos deberíamos dar?

El primero enuncia los desafíos que plantea la realidad actual y los comenta:

— Se han dado grandes cambios en la sociedad en poco tiempo y nos es fácil acertar en cómo seguir las tareas pastorales. Parece aconsejable buscar un punto medio, de equilibrio, entre lo que considerábamos factible antes y lo que es ya exigible ahora, cuando se hace necesario cambiar también el lenguaje.

— En ambientes cercanos, incluido el mundo rural, se registra que lo religioso —y la Iglesia en concreto— aparecen a menudo marcados por una connotación negativa, a causa del clericalismo, los autoritarismos, la búsqueda de beneficios... que han podido darse. Mientras tanto, quedan en la sombra tareas y logros muy valiosos, como han sido el compromiso en las grandes causas de justicia o la cercanía a los pobres.

— En las comunidades parroquiales falta aceptar en serio la llamada a ser agentes de pastoral cercanos, presentes en la vida diaria de las personas y sus problemas.

— Demasiado a menudo la parroquia no llega a ser una «comunidad de comunidades» sino, a lo mas, una suma de grupos varios.

— El laicado debería ir asumiendo más decididamente su propia identidad y misión y participar, superando los límites del grupo al que se adscriben para participar y servir a la entera comunidad parroquial

— Ha faltado un mayor empeño en poner en práctica las orientaciones del Vaticano II y los horizontes que ha abierto el papa Francisco. Urge ahora hacer realidad en nuestros contextos cercanos los propuestas que ya conocemos, de manera que la vida se acerque más a lo que se formula con palabras en los programas y planes. Esta distancia es claramente advertible en el caso del reconocimiento del lugar de las mujeres.

— A la falta de profundización y de una más decida puesta en práctica del Vaticano II se añade ahora mismo la necesidad de analizar por qué se vacían las iglesias en años en que las gentes parecen estar abiertas a la búsqueda de lo espiritual y de un horizonte de sentido.

— Necesitamos ver y aceptar la realidad y, a partir de ello, pensar con libertad, trabajar y proponer nuevas vías y ensayos pastorales dejando atrás lo ya caducado. Tenemos que situarnos y enfrentar las nuevas circunstancias. Nos encontramos obligados a corregir el clericalismo, que representa todavía un auténtico escollo por ser una actitud y un estilo que daña la realidad eclesial y causa rechazo en las comunidades vivas. Es de lamentar que algunos sacerdotes jóvenes no enfoquen su tarea como escucha de la realidad de las gentes y de su vida y, con visión realista, acompañen a los creyentes de nuestros días. Su formación debería abrirles al conocimiento de realidades como la cárcel, el barrio, los marginados... y, por supuesto, inducirles a imitar la conducta de Jesús ante esos mundos. Con una mirada amplia que supere el capillismo que parece tentar a algunos movimientos recientes.

— Como agentes de pastoral nos preocupa el gran tema de los pobres, una cuestión clave en la atención pastoral. Un compromiso a reafirmar aceptando que son muchos los sectores de «pobres» a los que atender. Tenemos que aceptar que los pobres son un «sacramento» del Reino y recordar que el Sínodo en curso invita a salir a su encuentro y no solo para ayudar, sino para dejarnos interpelar por ellos, porque tienen sus propios dones y una riqueza que aportar a la comunidad que los acoge. En el encuentro con ellos ha de darse el compartir y una escucha recíproca que nos trasforme. Algo más valioso que el mero asistencialimo.

— Un verdadero desafío pastoral es la transmisión de la fe en nuestros días. Importa reflexionar cómo trasmitimos: los momentos, lenguaje, estilos, espacios..., Y repensar cómo acercar al pueblo normal y corriente que vive en nuestras calles el mensaje de Jesús, con su figura histórica y su misterio. Plantearnos por qué, si este mensaje es de veras liberador como mensaje de amor, apenas parece tener eco en las gentes de hoy. Sin olvidar que la trasmisión empieza por el conocimiento personal de Jesús y el camino del seguimiento de los propios evangelizadores.

– La formación de los agentes de pastoral debe ser sólida e integral. Hemos visto que la metodología de la asamblea sinodal atiende más a la experiencia que a la teoría y es más inductiva que deductiva. Algo que se puede aplicar a una formación que permita tener, junto a los conocimientos, experiencias de vida y de compromiso social. Un modo de formarse estando inmersos en la realidad, en tareas que humanizan

El grupo devuelve estas cuestiones al ponente: aceptar el pluralismo actual en la Iglesia, ¿ayuda o enfrenta más? ¿Qué discernimiento hacer para caminar juntos? Y solicita algunas orientaciones para una formación sinodal y para acercarnos a la realidad de los jóvenes, los pobres, la formación y la transmisión de la fe.

A propósito de la ponencia sobre el lugar de las mujeres en la Iglesia, el grupo se expresa así:

– En general hay entre los agentes una aceptación y una valoración alta del trabajo del papa Francisco, pero sucede también que la recepción de las mujeres en la Iglesia es aún escasa. Parece además que no faltan sacerdotes jóvenes que orientan su servicio pastoral mirando más a la curia y al estilo tradicional y dejan de lado esta cuestión.

— Las mujeres que participan en el grupo comparten que, en general, se han sentido acogidas y participativas en sus comunidades, pero que en varias ocasiones ha sido posible solo cuando el sacerdote lo ha permitido. Adelantan que, mientras la pastoral dependa prácticamente de quienes son varones y ordenados, será muy difícil avanzar. Y en este punto —añade el grupo— hemos de preguntarnos cómo se asumen las responsabilidades en cada comunidad y sobre los procesos a seguir.

— Se reconoce como positiva la creciente participación y la iniciativa de mujeres en asociaciones o movimientos dentro de la Iglesia. Un hecho significativo porque venimos de una historia patriarcal, ya presente en algunas las cartas pastorales del NT y que ha durado siglos. Y que no se pueda olvidar que las instituciones de vida consagrada femenina no han tenido históricamente el mismo nivel de formación teológica que los hombres. Por todo ello, queda mucho camino por recorrer y muchos procesos por iniciar. La sinodalidad permite compartir responsabilidades, pero exige otra formación en los varones y aceptar que a las mujeres se les exige mucho más por el mero hecho de ser mujeres. Un ejemplo de camino a medias —aducen— ha sido el que, en el caso de la presidencia del Dicasterio para la Vida Consagrada, en vez de nombrar a un secretario se ha nombrado a otro prefecto.

– El grupo anota que se ha dado en estos años un intenso debate sobre el papel de la vida religiosa femenina, que, a juicio de algunos/as se encuentra todavía en una condición supeditada y en actitud pasiva o conformista, mientras que habría de ser más reivindicativa. Las religiosas que, en el caso de España, representan el mayor porcentaje de la vida consagrada en total, son de edad avanzada y las congregaciones tienen una gran carga de estructuras y obras que requieren muchas de sus energías. Con todo, la vida consagrada femenina, por fidelidad a Jesús, aun en medio de las dificultades y de la disminución de fuerzas y número, quiere seguir dando testimonio del amor de Dios con su presencia, muchas veces «desde abajo» y entre los pobres. Así, se pueden citar numerosos ejemplos recientes de un servicio silencioso de las mujeres consagradas en las trincheras, donde permanecen y posibilitan la vida.

Como preguntas para la ponencia el grupo recoge estas: ¿cómo responder a las nuevas realidades de familia? ¿En qué debemos formarnos para un mejor servicio y compromiso? ¿Qué orientaciones para avanzar y hacer posible el cambio? ¿Qué nuevos ministerios se abren para las mujeres? ¿Qué formación renovada para los seminaristas?

El segundo grupo responde a la pregunta sobre los retos que debe abordar la teología pastoral en la actualidad con un listado de enunciados:

– Un mayor conocimiento de la identidad de la Iglesia.

– La necesidad del estudio, la reflexión y el trabajo de los carismas y ministerios laicales. Plantear la vocación ministerial desde el binomio comunidad/ministerios

- Hacer realidad la comunidad ministerial. Evitar y corregir el clericalismo revisando las instancias de poder en la Iglesia y valorando todo trabajo por el Reino.

- No olvidar a los pobres. Partir de la realidad —tan injusta a veces— y leer los signos de los tiempos al modo del último concilio

- Ser una Iglesia Misionera con voluntad de caminar por las calles, de literalmente «salir».

- El empeño en una teología «encarnada», que pise tierra y reconozca la importancia del testimonio

- Hacer que tengan más eco en nuestros contextos los ejes trazados en el Sínodo.

- Avanzar en el diálogo entre religiones y el ecumenismo.

- Impulsar la «teología del trabajo».

- Poner en marcha modos de acercarnos a los alejados para acercarlos a Jesús y despertar su esperanza.

- El estudio de la antropología teológica, ayudada por ciencias humanas, tales como la psicología y la educación, que sirva para atender a las personas en su integridad y dignidad.

En cuanto al quehacer pastoral, sus prioridades hoy y los principios orientadores, el grupo enumera estos puntos:

- Tener como referencia primera la Palabra de Dios, con cercanía cordial y escucha del Evangelio. Tener presente que el agente de pastoral no es un mero funcionario, sino un testigo y un apóstol.

— Avanzar en la formación de los laicos para una efectiva corresponsabilidad. Ofrecer una formación permanente y cuidar de integrar equipos de formación.

— Ayudar a hacer verdad en todos los que se consideran creyentes el diálogo de la fe con la vida que viven.

— Generar comunidades testimoniales, lugares de referencia y de interpelación. Avanzar en la sinodalidad y en el diálogo. No olvidar que somos Iglesia en misión.

— Inquietarse porque el anuncio llegue a los jóvenes, que no carecen de valores y coraje, aunque no entren el las iglesias, para que lleguen a encontrarse con Cristo.

— No multiplicar proyectos pastorales, sino ahondar en el discernimiento y en el compromiso. Aceptar la lentitud que comportan los ensayos de cambio sin cejar en el intento.

Respecto a los pasos a dar en la corresponsabilidad de todo el pueblo de Dios siguiendo las indicaciones del Vaticano II, el grupo señala:

— Recuperar la Iglesia-comunidad, con mayor corresponsabilidad laical.

— Buscar la unidad en la diversidad. Avivar la conciencia del bautismo como base de la participación eclesial.

— Redescubrir la dimensión mística de la fe

— Reordenar las estructuras y las tareas parroquiales pasando de una comprensión piramidal a una sinodal. Plantear el alcance de los consejos parroquiales hoy por hoy solo consultivos.

— Realizar en grupo una «lectura creyente» de la realidad, en mesas donde se escuche la voz de los pobres.

— Atender a la formación y organización de los seminarios actuales donde se forman los nuevos agentes.

Sobre el lugar de las mujeres en la Iglesia este grupo se plantea si el problema no esconde a veces una tensión por el poder en mentes «clericalistas». Advierte:

— La innegable y valiosa colaboración de ellas frente al escaso protagonismo reconocido. Una mentalidad que tiene que ver con el largo patriarcado dificulta que en la Iglesia avance el debido reconocimiento

— Aun aceptadas las diferencias entre feminismos, la Iglesia aparece retrasada respecto de la sociedad actual. En las celebraciones se hace evidente el desplazamiento.

En el tramo final, para poder avanzar, los participantes anotan:

— Abrir caminos al diaconado y hasta al sacerdocio femenino.

— Una formación conjunta y al mismo nivel académico e intelectual que sostenga una participación igualitaria.

— Situar el tema de la mujer en el amplio contexto del laicado y del sacerdocio común.

— Dar mayor audiencia a las opiniones de las mujeres en la comunidad y valorar sus ya numerosos
servicios. Asímismo, habrá que cuidar el lenguaje
referido a ellas y ensayar la sinodalidad deseable y
posible en cada lugar.

(El grupo reconoce que hay otros contextos donde
hay que adecuar los pasos a otra concepción cultural y
otra situación social, como sucede en países africanos que
habrán de seguir su propio ritmo)

Finalmente, las pregunta del equipo para el ponente son
estas:

¿Cómo hacer que las estructuras cambien para la mayor implicación de la mujer en la Iglesia? ¿No teme que
haya un posible cambio y vuelta atrás en este tema después
de Francisco? ¿Cuáles han sido las tensiones y desencuen-
tros sinodales en relación con temas que trataron en la
ponencia?

Resumen: Felisa Elizondo

El evangelio de lo social

**XXXIV Semana de Estudios
de Teología Pastoral**

Instituto Superior de Pastoral

304 pp. • 12,5 x 20 cm • rústica

El presente volumen recoge las actas de la XXXIV Semana de Teología Pastoral, centrada en «El evangelio de lo social», teniendo como referencia las palabras del papa Francisco en la exhortación *Evangelii Gaudium*: «la propuesta del Evangelio no sólo es la de una relación personal con Dios. Nuestra respuesta de amor tampoco debería entenderse como una mera suma de pequeños gestos personales dirigidos a algunos individuos necesitados, lo cual podría constituir una "caridad a la carta", una serie de acciones tendentes solo a tranquilizar la propia conciencia. La propuesta es el *Reino de Dios* (cf. Lc 4, 43); se trata de amar a Dios que reina en el mundo. En la medida en que Él logre reinar entre nosotros, la vida social será ámbito de fraternidad, de justicia, de paz, de dignidad para todos» (EG 180).